纪 念 孔 子 逝 世 2500 周 年

（前 479 年—公元 2021 年）

儒魂

当代儒家的新古诗

诗儒程皓月 著

人民东方出版传媒

东方出版社

图书在版编目（CIP）数据

儒魂：当代儒家的新古诗 / 程皓月 著 . — 北京：东方出版社，2021.10
ISBN 978-7-5207-1963-6

Ⅰ.①儒…　Ⅱ.①程…　Ⅲ.①儒家—哲学思想—研究　Ⅳ.① B222.05

中国版本图书馆 CIP 数据核字（2021）第 169021 号

儒魂：当代儒家的新古诗
（ RUHUN：DANGDAI RUJIA DE XINGUSHI ）

作　　者：程皓月
责任编辑：张永俊
责任审校：曾庆全　谷轶波
出　　版：东方出版社
发　　行：人民东方出版传媒有限公司
地　　址：北京市西城区北三环中路 6 号
邮　　编：100120
印　　刷：北京联兴盛业印刷股份有限公司
版　　次：2021 年 10 月第 1 版
印　　次：2021 年 10 月第 1 次印刷
开　　本：710 毫米 ×1000 毫米　1/16
印　　张：19.5
字　　数：156 千字
书　　号：ISBN 978-7-5207-1963-6
定　　价：68.00 元
发行电话：（010）85924663　85924644　85924641

序 言

　　儒者，孔子也，中华思想之集大成者；魂者，魂魄也，中国 5000 年之精神不灭也。值孔子逝世 2500 周年之圣际（前 479 年—公元 2021 年），皓月返本修古，考古开新，历 15 春秋，作诗 266 首，以咏中国之历程，赞夫子之大德，美儒者之气魄。以创新的中国诗歌，表现中国特色、中国风格、中国气派；展现中华韵律、中华智慧、中华大美；彰显中国当代儒家一以贯之之决心，建中立极之学术，内圣外王之道统。以此在全球化时代，召唤华夏主体思想的回归。故题为《儒魂》。

诗儒　程皓月

2021 年 1 月 31 日

目 录

第二辑　汉唐儒风

第三辑　宋明理想

第一辑　孔子之诗

孔 子

四牡东　周　驰儒风
弟子从　游　道不穷
山河列　列　百代后
辙遍中　国　礼乐隆

◎**孔子**：名丘，字仲尼，春秋时代哲学家、政治家、史学家、教育家与文学家，儒家学派创始人，是中国的"圣人"。◎**周游列国**：出自明代余邵鱼《列国志传》第八十回"吴越携李大交锋，孔仲尼周遊列国"。最早描述孔子去鲁返鲁过程的词语是"周流"，出自秦代吕不韦《吕氏春秋·遇合》"孔子周流海内"（"周流"一词源于《周易·系辞下》"周流六虚，上下无常"与屈原《离骚》"路修远以周流"）。汉初陆贾《新语·本行》用"周流天下，无所合意"解读孔子。西汉刘向《说苑·至公》用"服重历远，流流应聘"诠释孔子，此说影响深远，《白虎通义》《论衡》《风俗通义》都循此说。三国《孔丛子·记问》出现"周遊天下，靡邦可依"，这是第一次用"周遊"解读孔子。刘宋范晔《后汉书·范升传》出现"孔子尚周流遊观"，将"流"与"遊"并列。南梁皇侃《论语义疏》出现"孔子周流诸国"，这已接近后世描述。"周遊"大量运用于唐代，颜师古注《汉书》有"言周遊以行其道"；司马贞《史记索隐》有"孔子周遊"；晚唐苏拯诗《颂鲁》有"天推曾仲尼，周遊布典坟"之句。而张守节《史记正义》有"孔子周游"，"游"字出现了。但宋代邢昺《论语注疏》与朱熹《论语集注》再用"周流"描述孔子。可见"周流"更能体现思想性，而"周遊"更通俗。而本着《史记》载孔子去鲁所歌"盖优哉游哉，维以卒岁"，现用"周游"概括孔子的传奇。

至圣先师

欲仁仁　至　欲亲亲

天纵之　圣　何方寻

一轮儒　先　素王月

良知导　师　照尔心

◎**至圣先师**：明代对孔子的封谥。《明史·世宗本纪》：嘉靖九年（1530），"冬十一月辛丑，更正孔庙祀典，定孔子谥号曰至圣先师孔子"。孔子之所以被奉为"先师"，体现在他的学说与哲学思想对后世的影响力上。曾子继承孔子"忠恕"思想，将其推广为《大学》的"三纲八目"；子思发扬孔子的"中庸"概念著成《中庸》；孟子以"仁义礼智"归纳孔子思想，他的四端说、性善论、民本论以及对杨墨的批判等，使其成为战国儒家的代表；《春秋》学泰斗董仲舒将"仁义礼智信"的五常与"金木水火土"的五行相结合，构建出汉代"五行象数学"与"天人观"。三国时代的何晏、王弼用老庄学说解释《论语》，以儒、道对接发展出"玄学"，应对佛教对华夏文化的冲击。而"安史之乱"后，韩愈和李翰再解《论语》，提出"道统"与"复性"说。"北宋五子"则从经学中创造出"太极""性即理"等新概念，重新解释世界与传统；朱熹以"理学"思想注释的《四书》成为解读孔孟的权威注本；其反对者陆九渊更强调原始"五经"的内涵与思辨性。明代王守仁为避免学习经学、理学陷入"泥文逐句"，创立"心学"，他屡提孟子的"必有事焉"，强调"致良知"的运用。可以说中国历史上的大思想家、大哲学家无不是因孔子而启迪、与孔子相对接，才迸发出伟大的思想火花。所以孔子被奉为中华文明的"先师"，乃实至名归，毫不为过。

万世师表

谆谆千　万　诲一说
王者必　世　有仁国
将相帝　师　今何在
鹤临华　表　听木铎

◎**万世师表：**清康熙御书"万世师表"匾。《清史稿·圣祖本纪》：康熙二十三年（1684），"十一月壬戌朔……戊寅，上次曲阜。己卯，上诣先师庙，入大成门，行九叩礼。至诗礼堂，讲《易经》。上大成殿，瞻先圣像，观礼器。至圣迹殿，览图书。至杏坛，观植桧。入承圣门，汲孔井水尝之。顾问鲁壁遗迹，博士孔毓圻占对甚详，赐官助教。诣孔林墓前酹酒。书'万世师表'额。留曲柄黄盖。赐衍圣公孔毓埏以次日讲诸经各一。免曲阜明年租赋"。孔子的"师表"体现在"仁义礼智信"五个方面：（一）其"仁"体现在，超越于时代性的哲学与政治学思想先行，与有教无类的教育理念。（二）其"义"体现在，以重塑鲁政为己任的执着，与周游列国中身体力行的对理想的追求。（三）其"礼"体现在，对"周礼"所代表的崇高的社会制度与社会文化的推崇，与其个人所表现出的儒家风范与人格魅力。（四）其"智"体现在，"一以贯之"的思想方法，与周游途中临危不乱、化险为夷的处世智慧。（五）其"信"体现在，去鲁的果敢与返鲁的从容，以及自我鞭策、自我激励、一丝不苟地对待编辑整理古代典籍工作的学术态度。◎**王者必世有仁国：**《论语·子路》："子曰：'如有王者，必世而后仁。'"康熙谥号为"大成仁皇帝"。◎**木铎：**以金属为框、体腔内有木制舌，摇击发声的响器，古代用以宣布政教法令。

六艺·诗

周公赋　诗　启东征
君子立　言　律和声
情动我　心　情难舍
歌以咏　志　颂豳风

◎**六艺：**即"六经"，是中华文明创造性的人文与社会科学的体现，"六艺"均经过孔子编辑整理、阐发完善。出自《贾谊新书·六术》："《诗》《书》《易》《春秋》《礼》《乐》六者之术以为大义，谓之六艺。"另《史记·滑稽列传》："孔子曰：'六艺于治一也。《礼》以节人，《乐》以发和，《书》以道事，《诗》以达意，《易》以神化，《春秋》以义。'"又《孔子世家》："中国言六艺者折中于夫子。"后《乐》融入《礼记》，"六艺"成为"五经"，经过两汉与魏晋南北朝不断发展，于唐代集大成为《五经正义》，后于两宋融入"理学"的新思想，于明代《五经大全》达到其发展的顶点。◎**诗：**初名《诗三百》，是孔子倾注毕生心力所编写的中国第一部诗歌总集。涵盖史学、政治学、诗学、美学、哲学等学科，是一部被称为"不学《诗》，无以言"的著作。后由子夏一支传至毛亨，名为《毛诗》。唐代集成汉代以来注释编纂为《毛诗正义》，后由于宋代思想发展，不再唯《毛诗序》必从，朱熹的《诗经集传》成为南宋后《诗经》的最权威注本。◎**诗言心志：**诗表达内心的向往。《毛诗序》："诗者，志之所之也。在心为志，发言为诗。"《尚书·舜典》："诗言志，歌永言，声依永，律和声。"◎**周公：**周公旦，西周政治家，孔子梦见的古代先哲。◎**东征：**周公平定"三监"及武庚叛乱后，向东开疆拓土的战争。◎**豳风：**《诗经》十五国风之一，为周公所作。

六艺·书

天历尧　曰　舜侧微
九州钦　若　禹锡圭
金滕卜　稽　洪范叙
牧野旷　古　抒雄伟

◎书：《尚书》。初名《书》，是孔子周游列国、自卫返鲁后，感于鲁国的政治现实，追溯"虞夏商周"的伟大政治理念而编纂的古代政事文献汇编，可谓"华夏正朔"的政治学著作。《隋书·经籍志》载："孔子观《书》周室，得虞、夏、商、周四代之典，删其善者，上自虞，下至周，为百篇，编而序之。"《尚书》的发展可谓多灾多难：先是毁于"秦焚书"，后由伏生口授于晁错；后孔安国修《古文尚书》竟遇汉武帝"巫蛊之祸"未立学官；而西晋"永嘉之祸"竟造成所有版本《尚书》的遗失，后由豫章太守梅颐献孔传《尚书》才得以延续。唐代以《孔传》为本修《尚书正义》，后至南宋蔡沉受朱熹"逝前之托"修《书经集传》，成为南宋后《尚书》最权威注本。◎曰若稽古：大意为查考典籍。《尚书·尧典》："曰若稽古帝尧。"◎天历尧曰：《论语·尧曰》："尧曰：'咨！尔舜！天之历数在尔躬。允执其中。'"◎舜侧微：《尚书·舜典》："虞舜侧微，尧闻之聪明，将使嗣位，历试诸难。"◎禹锡圭：禹治水定九州，功成后受赐黑色的玉器。《尚书·禹贡》："禹锡玄圭，告厥成功。"◎金滕卜稽：武王病重，周公作祝告请代武王而死，册书置于金滕之匮中，载于《尚书·金滕》。◎洪范叙：洪范九畴，《尚书·洪范》中箕子传授给武王的治国方略。◎牧野：《尚书·牧誓》，讲述武王在牧野之战前所作的伐纣檄文。

六艺·礼

天大地　大　礼亦大
乡饮泰　射　铸华夏
克己复　之　始成人
君子仪　仪　何风雅

◎**礼：**即“三礼”，是《仪礼》、《周官》(又名《周礼》)、《礼记》的统称。《仪礼》记载古代仪式的过程与规范;《周官》记载构建国家的朝廷所需要的人员与规格；而《礼记》记载前二者的意义。三者构成统一的结合体，代表中华文明对礼仪规范、政治制度与人文存在的哲学思考。这就意味着“礼”包含广阔的政治学、社会学、哲学、美学等学科范畴。孔子一生极重视“礼”，正由于鲁国“礼”崩，孔子才开启传奇性的周游列国，更有“不学《礼》，无以立”的名言传世。在汉代，首先立于学官的是高堂生所传《仪礼》；而后是由戴德、戴圣叔侄二人补充整理的《礼记》；在新莽时期《周官》受到推崇而更名为《周礼》；东汉郑玄是注疏“三礼”的集大成者。但在魏晋南北朝时期《礼记》由于更能诠释中华文明的“存在精神”，超越了其他二者，郑玄注疏的《礼记》成为唐代的《礼记正义》。其后由于宋代理学的发展，元代陈澔所著《礼记集说》被认为更简约、更符合理学精神，从而成为明代《礼记》的最权威注本。◎**大射之仪：**《仪礼·大射》：“大射之仪。”系天子、诸侯祭祀的礼仪。◎**乡饮泰射：**乡饮，即《仪礼·乡饮酒礼》。泰射，即大射，1959年在甘肃武威出土东汉《武威汉简·汉礼·泰射》。◎**克己：**《论语·颜渊》：“颜渊问仁。子曰：‘克己复礼为仁。一日克己复礼，天下归仁焉。’”

六艺·乐

天籁感　人　制五音
乐立教　生　舜抚琴
道之德　而　齐以礼
钟鼓动　静　正心神

◎乐：孔子"发明"的政治学词语，具有双重性。狭义上，指音乐与娱乐活动；广义上，代指政治文化、社会文化与个人文化修养。（一）代指政治文化，如《论语》中所言"郑声淫"，《礼记·乐记》所云"郑音，好滥淫志；宋音，燕女溺志；卫音，趋数烦志；齐音，敖辟乔志"，这是通过音乐风格代喻政治文化色彩。（二）代指社会文化，如《论语》中子游寓教于乐的"武城弦歌"，引发孔子莞尔。（三）代指个人文化修养，如《论语》中"兴于诗，立于礼，成于乐"，人受"诗书"熏陶是为培养高尚的情操与庄重的言行，即个人文化。作为著作的《乐记》，在汉代被收入《史记》，后被戴圣收入《礼记》，成为《礼记》的一章，从此"礼""乐"归一。而作为音乐的"乐"，因时而变地成为声乐理论、乐谱等收录于历代史书的《艺文志》《经籍志》中，所以说"乐"从未失传。◎人生而静：此"静"非"安静"之意，而是说人容易受到文化感染，引申为"人的存在即文化的存在"。《礼记·乐记》："人生而静，天之性也；感于物而动，性之欲也。"◎五音：五声音阶，即宫、商、角、徵、羽。◎舜抚琴：《礼记·乐记》："昔者舜作五弦之琴，以歌《南风》。"◎钟鼓动静正心神：《史记·乐书》："夫上古明王举乐者，非以娱心自乐，快意恣欲，将欲为治也。正教者皆始于音，音正而行正。故音乐者，所以动荡血脉，通流精神而和正心也。"

六艺·易

西伯独　立　羑里秋
八卦成　象　列算筹
乾坤无　尽　周原阔
天地不　言　待人谋

◎**易**：中华文明特有的富有创造性的对于世界的普遍性抽象认识，代表了由现象到抽象，由无序到规律，由本体到象征，由天启神示到运算量化的人类思维认知阶段。相传"八卦"由伏羲所创，由周文王发明为六十四卦的《周易》，并撰写《卦辞》，后由周公旦创立《爻辞》，而孔子撰写《十翼》将《易》从卜筮中解放出来，对《易》作哲学与社会学诠说。孔子可能将《易》作为一种讨论哲学的"示意图"运用，这极大发展了《易》学的外延，更重要的是在"卦"象的辅助下，中文从一种平面的指示性语言，成为立体的可以探讨"存在"的哲学性语言，对推动中华文明进程具有划时代意义。其后在汉代，作为占卜的《易》学获得了很大发展，但真正具有"五经"价值的是由三国王弼、东晋韩康伯以"玄学"思想所注《周易注》，后被唐代疏为《周易正义》。而在经历宋代理学变革后，"玄学"思想被抛弃，明朝官方将程颐的《伊川易传》与朱熹的《周易本义》合并为《周易传义大全》，成为《易》学最权威注本。◎**立象尽言**：《周易·系辞上》："子曰：'圣人立象以尽意，设卦以尽情伪，系辞以尽其言。'"◎**羑里**：古地名，周文王西伯昌被商纣王囚禁在羑里时将伏羲八卦推演为六十四卦。◎**周原**：西周发源地，今陕西渭河平原西部。

六艺·春秋

道心惟　微　念孔丘
拨乱简　言　述春秋
历史为　大　四时进
诸侯盟　义　振东周

◎**春秋**：书名，孔子晚年倾注所有心血修订的鲁国编年体史书，记载了自鲁国隐公元年（前722）至哀公十四年（前481）的历史。《春秋》在四个维度上体现它的时代超越性：（一）孔子行"天子之事"作《春秋》是僭越礼仪的，所以孔子发出"知我者，罪我者"的叹息，但恰恰是孔子的"当仁不让"之举，推动了史学与中华文明的进程。（二）《春秋》短小精悍，用简短的章节容纳更多的信息，便于在记录媒介匮乏的时代传播历史知识。（三）孔子以"春夏秋冬"四时切分历史进程，以自然规律凸显政治规律，使历史的面目被更清晰地呈现，开创了将哲学引入史学的先河。（四）"微言大义"将政治学带上一个全新的高度。其后的"春秋三传"均从"微言大义"上展开言说。汉代，董仲舒所代表的《公羊传》首先被立于学官，而后是刘向治《穀梁传》，刘歆、贾逵所代表的《左传》在东汉才成为主流，其后三国杜预的注疏使《左传》获得极大普及，被完整收录于唐代《春秋左传正义》中，而到宋代"弃传从经"运动后，南宋胡安国的《胡氏春秋传》成为新的集大成式著作，及以后《春秋》的最权威注本。◎**微言大义**：微言，指精微的言辞；大义，指经书的要义。《汉书·艺文志》："昔仲尼没而微言绝，七十子丧而大义乖。"◎**道心惟微**：《尚书·禹书》："人心惟危，道心惟微，惟精惟一，允执厥中。"

人之初·昌平陬邑

春暖伯　昌　丰镐冰
秋送姬　平　雒雁声
海澨山　陬　洙泗水
皓月鲁　邑　待晨星

◎**昌平陬邑**：孔子出生地。出自《史记·孔子世家》："孔子生鲁昌平乡陬邑。"另，关于孔子父母的记录是由《史记》《左传》《孔子家语》共同完成的，如果将《左传》的最初成书时间定于公元前350年，那么到三国王肃写成《孔子家语》已有600年跨度。《史记》《左传》对孔子父母生平仅少许描述，只有《孔子家语》最为详细，现大致梳理含义如下：（一）孔父叔梁纥因"孝"（无后）而娶，颜氏小女儿徵在因"孝"（从父所制）而嫁，衬托孔子的"孝道"由父母遗传，是"天生的"。（二）孔子父母属老夫少妻，是超越年龄与世俗偏见的结合，而都追求更高的"孝"的礼法；衬托孔子周游列国，也是超越庸俗君臣关系，而追求更高的"道"的礼法。二者均含有时代超越性。（三）由于孔子父母对"孝"的共识，说明他们志同道合，那么他们的结合是浪漫的，这代表他们有爱情。（四）三本著作、三个时代与600年的跨度，共同完善了孔子的家庭，赋予孔子的形象以跨时代的张力，也构成孔子在文本中的超越性。◎**伯昌**：西伯昌，即周文王。◎**丰镐**：丰京和镐京，西周国都。◎**姬平**：周平王，东周第一任国君。◎**雒**：洛邑，周平王东迁之地。◎**春暖、秋送**：喻《春秋》，指孔子。◎**海澨山陬**：海边与山隅，泛指荒远之处，喻天涯海角。明神宗《平倭诏》："海澨山陬，皆我赤子。"◎**洙泗水**：洙水和泗水。

人之初·尼丘得子

虔虔仲　尼　父母心
曾祈尼　丘　山上神
天佑降　得　耄耋子
圩顶小　子　乃圣人

◎**尼丘得子**：孔子父母曾上尼丘山祈祷，后平安生下孔子。《史记·孔子世家》："纥与颜氏女野合而生孔子，祷于尼丘得孔子。"其中"野合"的用词相当突兀，后世一般遵循司马贞《史记索隐》的解释，即"梁纥老而徵在少，非当壮室初笄之礼，故云野合，谓不合礼仪"。然而，"野合"似有更深内涵。（一）"野合"可能是一种必要的突兀，它是司马迁暗示读者的钥匙。（二）《史记》充满神话、宿命与预言色彩，想想秦始皇的亡秦者胡、刘邦的斩蛇起义、项羽的重瞳，那么作为圣人的孔子呢？（三）摘录《孔子世家》所有含"野"字的事件："野合而生孔子"，"（陈）乃相与发徒役围孔子于野"，"匪兕匪虎，率彼旷野"（孔子困于陈蔡时考验弟子的诗句），"野哉由也"（孔子去卫），"狩大野"（西狩获麟），再加上《论语》中"思无邪"的出处，《鲁颂·駉》的诗句"駉駉牡马，在坰之野"。难道这些不正勾勒出孔子的一生吗？孔子生于野，周游于野，困窘于野，成就于野，又归于野。这不正解释了"西狩获麟"时，孔子为何会说出"吾道穷矣"的话语吗？这不正是司马迁对孔子一生的象征性解释吗？（四）邑外曰郊，郊外曰野。野，是广远之处。"先进于礼乐，野人也；后进于礼乐，君子也。如用之，则吾从先进。"在远方，仰慕着三代"野人"的"麒麟"，不正是孔子吗？◎**圩顶**：顶如反宇，故孔子名丘。

人之初·常陈俎豆

四端五　常　在童心
家资简　陈　不嫌贫
泥做尊　俎　为游艺
草设笾　豆　嬉光阴

◎**常陈俎豆：**孔子幼年时，喜爱用小盆小碗模拟尊俎、笾豆当作游戏，模仿祭祀礼仪之事。出自《史记·孔子世家》："孔子为儿嬉戏，常陈俎豆，设礼容。"◎**四端：**孟子四端。《孟子·公孙丑上》："孟子云：'恻隐之心，仁之端也；羞恶之心，义之端也；辞让之心，礼之端也；是非之心，智之端也。人之有是四端也，犹其有四体也。'"◎**五常：**出自《汉书·董仲舒传》所载《贤良对策》（又称《天人三策》），董仲舒云："夫仁、谊（义）、礼、知（智）、信，五常之道，王者所当修饬也；五者修饬，故受天之佑，而享鬼神之灵，德施于方外，延及群生也。"◎**家资简陈：**家财设物简陋陈旧。孔子三岁时父叔梁纥去世，其母颜氏移居曲阜阙里，将其抚养成人。《论语·子罕》有"吾少也贱"之语，即少小贫贱之意。◎**尊俎、笾豆：**古代祭祀、设宴时盛食物用的器具。酒器为尊，置肉为俎。竹制为笾，木制为豆。

人之初·五父之衢

丘也十　五　志于学
葬母寻　父　防山月
丧服往　之　退士飨
孤咽天　衢　誓前列

◎**五父之衢**：孔子17岁时，母亲去世，孔子有意将父母合葬，因不知父亲葬地，遂将母亲棺木停于五父之衢，后经乡人告知，将父母合葬于防山。出自《史记·孔子世家》："孔子母死，乃殡五父之衢，盖其慎也。陬人挽父之母诲孔子父墓，然后往合葬于防焉。"◎**十五志于学**：《论语·为政》："吾十有五而志于学。"◎**丧服往之退士飨**：《史记·孔子世家》："孔子要绖，季氏飨士，孔子与往。阳虎绌曰：'季氏飨士，非敢飨子也。'孔子由是退。"即孔子在守丧期间，去参加季氏组织的宴会，却因身着丧服遭到季氏家臣阳货的奚落，但孔子本着三年丧的原则，没有脱下丧服参加宴会，而是默默地离开。◎**孤咽天衢誓前列**：17岁身着丧服饿着肚子的孔子，站在五父之衢的星空下默默哭泣，他向死去的父母发誓，将来一定会出人头地，光宗耀祖。即《孝经》所载："身体发肤，受之父母，不敢毁伤，孝之始也。立身行道，扬名于后世，以显父母，孝之终也。"

志学·学而时习

困而不　学　斯为下
人非生　而　知御稼
穷达以　时　勤补拙
春风习　习　开简札

◎**学而时习**：孔子的学习方法。《论语·学而》："子曰：'学而时习之，不亦说乎？'"南朝梁皇侃《论语义疏》就"学而时习"有大量论述，现摘录如下。（一）为学者，《白虎通》云：'学，觉也，悟也；言用先王之道导人情性，使自觉悟而去非取是，积成君子之德也。'（二）"时者，凡学有三时：一就人身中为时，二就年中为时，三就日中为时也。一就身中者，凡受学之道，择时为先，长则捍格，幼则迷昏。……二就年中为时者，夫学，随时气则受业易入，故王制云，春夏学《诗》《乐》，秋冬学《书》《礼》是也。……三就日中为时者，前身中、年中二时而所学，并日日修习，不暂废也。"（三）"习是修故之称也，言人不学则已，既学必因仍而修习，日夜无替也。"南宋朱熹《论语集注》注为："学之为言效也。人性皆善，而觉有先后，后觉者必效先觉之所为，乃可以明善而复其初也。习，鸟数飞也。学之不已，如鸟数飞也。……既学而又时习之，则所学者熟，而中心喜说，其进自不能已矣。"可见皇侃注较详细，强调学习的过程；而朱熹注引用了"复性"概念，强调学习的目的。◎**困而不学**：出自《论语·季氏》："孔子曰：'生而知之者，上也；学而知之者，次也；困而学之，又其次也；困而不学，民斯为下矣。'"◎**穷达以时**：1993年出土郭店楚简之一的《穷达以时》篇："穷达以时，德行一也。"

志学·适周问礼

乘田自　适　笔无闲
千里赴　周　拜老聃
柱下一　问　留鸿雁
克己复　礼　此中传

◎**适周问礼**：司马迁描写的青年孔子去成周问学于老子的经历。出自《史记·孔子世家》："鲁南宫敬叔言鲁君曰：'请与孔子适周。'鲁君与之一乘车，两马，一竖子俱，适周问礼，盖见老子云。"需要注意的是：（一）在西汉初期，汉朝社会以"黄老学"为官方学术思潮，认为老子的地位高于孔子。而司马迁正是"黄老学"信徒，所以孔子见老子的情节，应是司马迁结合时代流传而演绎的结果。（二）孔子笃行"三人行，必有我师"与"不耻下问"的治学精神，所以这种演绎也符合逻辑。（三）其实，更符合传说中老子形象的太史儋，是孔子去世129年后才出现的人物，与孔子不处于一个时代。（四）司马迁生动的描写，使一个虚构的历史故事成为一个真实的历史记录，从而引起日后更多的新的演绎（如东汉画像砖），这也呈现出历史的另一种形态。◎**乘田**：苑囿之吏，即掌管畜牧的小官。《孟子·万章下》："孔子尝为委吏矣……尝为乘田矣。"◎**柱下**：《史记·老子列传》载老子为"周守藏室之史"，司马贞《史记索隐》注为："藏室史，周藏书室之史也，又《张苍传》'老子为柱下史'，盖即藏室之柱下，因以为官名。"大致为东周雒邑图书馆馆长。◎**克己复礼**：老子给孔子的赠言。《史记·孔子世家》："吾闻富贵者送人以财，仁人者送人以言……'为人子者毋以有己，为人臣者毋以有己。'"

志学·学在四夷

审问博　学　不称多
思在辨　在　百研摩
上纪有　四　传夏朔
何讽东　夷　无师说

◎**学在四夷：**由于东周的衰败，官方学术逐渐没落，许多重要的知识流落民间。所以当孔子听到作为东夷族少昊氏后裔的郯子讲解上古历史时，发出了由衷的感慨，并拜郯子为师。出自《左传·昭公十七年》："秋，郯子来朝，公与之宴，昭子问焉，曰：'少皞氏鸟名官，何故也？'郯子曰：'吾祖也，我知之。昔者黄帝氏以云纪，故为云师而云名；炎帝氏以火纪，故为火师而火名；共工氏以水纪，故为水师而水名；大皞氏以龙纪，故为龙师而龙名。我高祖少皞，挚之立也，凤鸟适至，故纪于鸟，为鸟师而鸟名。'……仲尼闻之，见于郯子而学之，既而告人曰：'吾闻之，天子失官，<u>学在四夷</u>，犹信。'"◎**审问博学、思在辨在：**出自《中庸》："博学之，审问之，慎思之，明辨之，笃行之。"◎**上纪有四：**即云纪黄帝氏，火纪炎帝氏，水纪共工氏，龙纪大皞氏。◎**师说：**韩愈《师说》载："圣人无常师：孔子师郯子、苌弘、师襄、老聃。郯子之徒，其贤不及孔子。孔子曰：'三人行，则必有我师。'"

志学·倾盖而语

羲和弛	倾	秋日薄
两贤交	盖	学五车
束帛赠	而	折辕去
雁阵犹	语	话远郭

◎**倾盖而语**：孔子途遇程子，二人一见如故，讨论问题时车上的伞盖靠在一起，相谈甚欢。《孔子家语·致思》："孔子之郯，遭程子于涂，倾盖而语终日，甚相亲。顾谓子路曰：'取束帛一以赠先生。'"此程子，一说为晋国程本，字子华，著《子华子》，书中有《孔子赠》章，但也有人考证此程本与孔子并不处于一个时代。◎**羲和弛倾秋日薄**：时光飞驰，忽然来到一年秋天。"羲和"为掌四时之正以教四方厥民之官，指羲仲、羲叔、和仲、和叔四人。《尚书·尧典》："乃命羲和，钦若昊天，历象日月星辰，敬授人时。分命羲仲，宅嵎夷……以殷仲春。申命羲叔，宅南交……以正仲夏。分命和仲，宅西……以殷仲秋。申命和叔，宅朔方……以正仲冬。"◎**学五车**：指孔子与程子学识渊博，学富五车。

志学·古之遗直

操志率　古　动羊舌
弭兵盟　之　诸夏和
断狱不　遗　三同罪
循道以　直　世称德

◎**古之遗直**：孔子在晋国大夫叔向去世时对他的评价。《左传·昭公十四年》："仲尼曰：'叔向，古之遗直也。治国制刑，不隐于亲，三数叔鱼之罪，不为末或，曰义，可谓直矣。'"◎**羊舌**：叔向为羊舌氏，名肸，能言善辩，为春秋时期晋国大夫，与郑国子产、齐国晏婴齐名，是孔子仰慕的政治家前辈。◎**弭兵盟之**：弭兵之盟，春秋时期重大外交事件。由宋国向戌发起，旨在弥合晋楚矛盾，停止华夏世界战争的诸侯大会。晋、楚、齐、秦、鲁、宋等14国在宋国西门之外歃血结盟，此次会盟塑造了春秋后期的诸夏格局。会盟中叔向作为晋国代表赵武的副手出席，实际工作主要由叔向完成。◎**三同罪**：叔向之弟叔鱼处理邢侯与雍子的纠纷，雍子将女儿献给叔鱼而赢得官司，邢侯得知后怒杀叔鱼和雍子，最后由叔向断狱，判决三人同罪。◎**循道以直**：指"栾盈之难"中叔向与祁奚均不计私情，以道行事。

志学·古之遗爱

子产千　古　留其名
律政颁　之　书刑鼎
道不拾　遗　孔丘慕
厚心仁　爱　有王风

◎**古之遗爱：**孔子在郑国大夫子产去世后对他的评价。《左传·昭公二十年》："及子产卒，仲尼闻之，出涕曰：'古之遗爱也。'"◎**子产：**公孙侨，字子产，郑国"七穆"之一，是孔子仰慕的政治家前辈。孔子在《论语·公冶长》中盛赞子产："子谓子产：有君子之道四焉：其行己也恭，其事上也敬，其养民也惠，其使民也义。"可见孔子完全认同子产的政治理念，并从中吸收借鉴。
◎**书刑鼎：**子产执政时，将刑法条文铸在鼎上公之于众，是中国历史上首次公布成文法活动。《汉书·刑法志》："春秋之时，王道寖坏，教化不行，子产相郑而铸刑书。"◎**道不拾遗：**《史记·循吏列传》："子产为相。为相一年，竖子不戏狎，斑白不提挈，僮子不犁畔。二年，市不豫贾。三年，门不夜关，道不拾遗。四年，田器不归。五年，士无尺籍，丧期不令而治。治郑二十六年而死，丁壮号哭，老人儿啼，曰：'子产去我死乎！民将安归？'"◎**王风：**王道之风。

适齐·齐景公问

齐景问　秦　何披猖
孔子对　以　五黑羊
百里有　志　不可量
古来王　霸　出辟疆

◎**秦以志霸**：孔子认为春秋五霸之一的秦穆公，虽然其拥有的国土面积狭小且地方偏远，却能称霸诸侯，是因为秦穆公怀有远大的政治抱负。出自《史记·孔子世家》："景公问孔子曰：'昔秦穆公国小处辟，其霸何也？'对曰：'秦，国虽小，其志大；处虽辟，行中正。身举五羖，爵之大夫，起累绁之中，与语三日，授之以政。以此取之，虽王可也，其霸小矣。'"◎**披猖**：繁盛貌，飞扬。◎**五黑羊**：指五羖大夫百里奚。百里奚原为虞国大夫，虞亡国被俘，后因秦穆公用五张黑羊皮赎回而得名。秦穆公只与百里奚谈了三天，就授之以国政。◎**百里**：指秦穆公像周文王。《孟子·公孙丑上》："孟子曰：'以力假仁者霸……以德行仁者王……汤以七十里，文王以百里。'"◎**古来王霸出辟疆**：《孟子·离娄下》："孟子曰：'舜生于诸冯……东夷之人也。文王生于岐周……西夷之人也；得志行乎中国。'"

适齐·公孙于齐

一怒昭　公　为斗鸡
季孟叔　孙　败鲁师
八佾舞　于　三桓庭
孔子适　齐　观海漪

◎**公孙于齐**：鲁国重大政治事件。鲁昭公二十五年，季平子与郈昭伯举行斗鸡比赛，引发一系列由个人恩怨催生的政治构陷，致使鲁昭公决心出兵除掉季氏，引发三桓联合反抗，昭公战败逃往齐国。而齐国出兵伐鲁，夺取鲁国郓地，作为鲁昭公的食邑。此后几年鲁国出现鲁公在外欲联合外国伐鲁，而国内无君的荒诞局面，直至鲁昭公去晋国后死于晋地乾侯。这是一场典型的由腐败的政治伦理、庸俗的政治文化所引发的残酷政治事件，对孔子冲击极大。而后孔子也离开鲁国前往齐国。出自《左传·昭公二十五年》："九月己亥，公孙于齐，次于阳州。"◎**八佾舞**：即《夏籥》，文舞。佾为列，八列八行，共六十四人，执翟雉之羽而舞。《穀梁传》："穀梁子曰：舞《夏》，天子八佾，诸公六佾，诸侯四佾。"《论语·八佾》："八佾舞于庭，是可忍也，孰不可忍也？"◎**三桓**：鲁国卿大夫孟孙氏、叔孙氏和季孙氏，由于他们均为鲁桓公之后，故称三桓。三桓为世袭鲁卿，他们排除异己，长期把持鲁国国政，甚至有能力废立鲁公。

适齐·语乐闻韶

箫声琴	语	钟鼓鸣
弦歌雅	乐	倾耳听
三月不	闻	梁肉味
一感九	韶	万籁情

◎**语乐闻韶：**孔子在齐国与齐太师讨论古代礼乐，被虞舜所作《九韶》中蕴含的哲学思想与文化精神所倾倒。出自《史记·孔子世家》："与齐太师语乐，闻《韶》音，学之，三月不知肉味，齐人称之。"又《论语·述而》："子在齐闻《韶》，三月不知肉味。曰：'不图为乐之至于斯也！'"皇侃《论语义疏》疏为："《韶》者，舜乐名也，尽善尽美者也。孔子至齐，闻齐君奏于《韶》乐之盛，而心为痛伤，故口忘肉味，至于一时乃止也。三月，一时也。何以然也？齐是无道之君，而滥奏圣王之乐，器存人乖，所以可伤慨也。"朱熹《论语集注》注为："《史记》三月上有'学之'二字。不知肉味，盖心一于是而不及乎他也。曰：不意舜之作乐至于如此之美，则有以极其情文之备，而不觉其叹息之深也，盖非圣人不足以及此。"可见朱熹注折中于《史记》，而皇侃注之逻辑也不无道理。◎**九韶：**即《尚书·益稷》所载"《箫韶》九成"，《韶》乐共九章之意，为舜乐之总名，又名《九招》。《史记·五帝本纪》："四海之内咸戴帝舜之功。于是禹乃兴《九招》之乐……天下明德皆自虞帝始。"

适齐·君臣父子

大哉尧　君　表万秋
放子禅　臣　传冕旒
舜孝瞽　父　刑乃宥
禹虽鲧　子　开九州

◎**君臣父子**：著名儒学命题。孔子以"君臣"即权力的当下性，"父子"即权力的延续性，及其所包含的政治伦理与政治文化关系告诫齐景公。出自《论语·颜渊》："齐景公问政于孔子。孔子对曰：'君君，臣臣，父父，子子。'"皇侃《论语义疏》疏为："于时齐弱，为其臣陈恒所制，景公患之，故问政方法于孔子也。孔子随其政恶而言之也。言为风政之法，当使君行君德，故云君君也，君德谓惠也；臣当行臣礼，故云臣臣也，臣礼谓忠也；父为父法，故云父父也，父法谓慈也；子为子道，故云子子也，子道谓孝也。"朱熹《论语集注》引杨时注为："君之所以君，臣之所以臣，父之所以父，子之所以子，是必有道矣。景公知善夫子之言，而不知反求其所以然，盖悦而不绎者。齐之所以卒于乱也。"◎**放子禅臣**：指唐尧禅帝位于虞舜，而不传其子。◎**冕旒**：天子礼冠，代指帝位，天子之冕十二旒。◎**舜孝瞽父**：舜父瞽叟屡次设计害舜，但舜依然孝敬他，由此得到尧的赏识。◎**刑乃宥**：《尚书·舜典》载有"流宥五刑"，以流放之法宽五刑，代指舜仁慈。◎**禹虽鲧子开九州**：鲧因治水失利被治罪，而禹虽是罪人的孩子，仍可成就大业。即以尧舜禹表现君臣父子之道。

相鲁·阳虎为乱

如血斜　阳　惊寒鸦
桓貔货　虎　倾爪牙
孔子不　为　陪臣动
但悲崩　乱　毁鲁社

◎**阳虎为乱**：阳虎，即《论语》中的阳货。《史记·孔子世家》："定公八年，公山不狃不得意于季氏，因阳虎为乱，欲废三桓之适，更立其庶孽阳虎素所善者，遂执季桓子。"鲁定公五年，季平子与叔孙成子在几个月内相继去世，造成鲁国权力真空，使作为季氏家臣的阳货骤然坐大。阳货不尊礼法，奉行实力政治，不但囚禁季氏的新宗主季桓子，后竟与三桓盟约成为鲁国权力新贵，又霸占阳关为自己城邑发展力量，暗中则联络三桓各家贼臣逆子，密谋杀三桓而代之。孔子在这种暗无天日的权力倾轧中度过了数年时光。其间阳货也想拉拢孔子，孔子凭借过人的政治判断力与高洁的政治操守拒绝与阳货合作。其后阳货的举动，终于引发三桓的一致反抗，在混战中阳货被孟孙氏的家臣公敛处父击败，逃往齐国。◎**不为陪臣动**：即《论语·阳货》中所载"阳货欲见孔子，孔子不见，归孔子豚。孔子时其亡也，而往拜之，遇诸涂"之事。陪臣，指僭越礼法的权臣。

相鲁·诗书礼乐

退仕修　诗　坐春深
亦政序　书　显经纶
广授周　礼　弟子聚
闲歌雅　乐　对浮云

◎**诗书礼乐**：《诗经》《尚书》《礼》《乐》。四者代表政治传统、政治理念、政治制度与政治文化。出自《史记·孔子世家》："季氏亦僭于公室，陪臣执国政，是以鲁自大夫以下皆僭离于正道。故孔子不仕，退而修《诗》《书》《礼》《乐》，弟子弥众，至自远方，莫不受业焉。"在"阳货之乱"中，孔子痛心于"陪臣执国政"的残酷的政治现实，与鲁国一直以来"公卑桓强"的扭曲的政治伦理，但孔子没有消沉，他决心以一己之力重塑鲁国的政治文化。于是孔子采用"稽古"的方式，从经典中吸取精华，那就是《诗经》所承载的西周以来"文武周公"伟大的政治传统；那就是《尚书》所承载的"尧舜禹汤"崇高的政治理念；那就是《仪礼》《周官》所记载的恢宏又严谨的政治制度；那就是《乐》所推崇的庄重又高尚的社会文化风气。所以孔子以"返本修古，修古开新"的学术姿态，希望从文化上影响鲁国的政风，再培养出一批有政治操守的年轻政治家，去改变和塑造鲁国的未来。

相鲁·为中都宰

天命所　为　在仕途
政教折　中　移民俗
化育小　都　功斐硕
若为太　宰　必霸鲁

◎**为中都宰：**孔子在天命之年出仕，成为鲁中都（今山东汶上西部）的地方长官。《孔子家语·相鲁》："孔子初仕，为中都宰。制为养生送死之节。长幼异食，强弱异任，男女别涂；路无拾遗，器不雕伪……行之一年，而西方之诸侯则焉。"在经历了"阳货之乱"与其引发的家臣叛乱后，不论是鲁公与三桓的威信还是鲁国的官僚系统都被严重破坏了，这就急需人才来重建鲁国，这时季氏终于想到了孔子。或出于孔子不与阳货合作所显示出来的忠心，或出于孔子本是知书达理之人，比较容易驾驭，总之季氏把一个距离曲阜较远的城邑"中都"交给孔子治理。然而谁也没想到的是，不到一年时间，孔子就将中都的社会面貌治理得焕然一新，让西方诸侯也纷纷借鉴。这种治理成绩让孔子获得接近鲁定公的机会。《孔子家语·相鲁》记载："定公谓孔子曰：'学子此法以治鲁国，何如？'孔子对曰：'虽天下可乎！何但鲁国而已哉？'"于是第二年，定公提拔孔子为司空。

相鲁·五土之性

数通三　五　筑雩台
浚泽敷　土　阡陌开
百工考　之　司空事
物尽其　性　必成材

◎**五土之性**：喻孔子胜任司空之职。出自《孔子家语·相鲁》："于是二年，定公以为司空。乃别五土之性，而物各得其所生之宜，咸得厥所。"其中"五土"，一说为《周官·地官司徒》所载"大司徒之职……以土会之法辨五地之物生"，即山林、川泽、丘陵、坟衍、原隰，这"五地"的动植物分布与民生；一说为《尚书·禹贡》所载"禹别九州，随山浚川，任土作贡"中的白、黑、红、青、黄五种颜色土壤所出产之物。◎**三五**：指洛书，又称九宫图，或三阶幻方，其图纵横斜相加皆为十五。代指孔子数术高超。◎**雩台**：祭天与祈雨的祭坛。代指孔子善观天象，《论语·颜渊》中有"樊迟从游于舞雩之下"问孔子崇德之事。◎**百工考之司空事**：司空为周六卿之一，主掌水利与社会各行业营建之事。

相鲁 · 夹谷会盟

齐使莱　夷　惑夹谷
允文能　不　备孔武
诛优却　乱　缔盟书
皇皇者　华　保周鲁

◎**夹谷会盟：**鲁定公十年，齐景公邀鲁定公在齐鲁交界的夹谷会盟。这次会盟让孔子登上外交舞台，孔子当面斥责齐国的"四方之乐"为"夷狄之乐"、"宫中之乐"为"淫声"，皆不符合华夏外交礼法，并以此为由斩杀优倡，令齐景公大惊，使鲁国在会盟中获得主动，后缔结有利于鲁国的盟约。◎**夷不乱华：**孔子在会盟时指责齐国的话。《孔子家语·相鲁》："献酢既毕，齐使莱人以兵鼓噪，劫定公。孔子历阶而进，以公退，曰：'士，以兵之。吾两君为好，裔夷之俘，敢以兵乱之，非齐君所以命诸侯也。裔不谋夏，夷不乱华，俘不干盟，兵不逼好，于神为不祥，于德为愆义，于人为失礼。君必不然。'齐侯心怍，麾而避之。"◎**允文能不备孔武：**《史记·孔子世家》："孔子摄相事，曰：'臣闻有文事者必有武备，有武事者必有文备。古者诸侯出疆，必具官以从。请具左右司马。'定公曰：'诺。'"

相鲁·君子之诛

古有舜　君　四放诰
今看孔　子　两观讨
五恶兼　之　不可赦
义刑义　诛　少正卯

◎**君子之诛：**孔子诛乱政大夫少正卯。《荀子·宥坐》："孔子为鲁（大司寇）摄相，朝七日而诛少正卯。门人进问曰：'夫少正卯，鲁之闻人也，夫子为政而始诛之，得无失乎？'孔子曰：'居，吾语女其故。人有恶者五，而盗窃不与焉：一曰心达而险；二曰行辟而坚；三曰言伪而辩；四曰记丑而博；五曰顺非而泽。此五者有一于人，则不得免于君子之诛，而少正卯兼有之。'"实则，孔子诛少正卯并不符合孔子"为政以德"的仁政原则，而是更符合荀子"元恶不待教而诛"的王霸原则。历史上，此事件往往被引为解决现实政治需要的参考依据，而其真实性也遭朱熹之后历代质疑。由于此事件在先秦著作中极少出现，显"五恶说"的《荀子》《说苑》又都为西汉刘向整理，所以"诛少正卯"应符合顾颉刚的"古史层累说"概念。◎**四放诰：**出自《尚书·舜典》："（舜）流共工于幽州，放驩兜于崇山，窜三苗于三危，殛鲧于羽山，四罪而天下咸服。"◎**两观讨：**《孔子家语·始诛》："诛乱政大夫少正卯，戮之于两观之下，尸于朝三日。"◎**义刑义诛：**符合礼法的刑罚与处决。《尚书·康诰》："用其义刑义杀，勿庸以次汝封。"

隳三都·一言兴邦

名实复　一　在舆服
纵横之　言　出巨儒
画计中　兴　削桓策
昭告城　邦　向三都

◎**隳三都：**孔子设计的削弱家臣、约束三桓、强化鲁公、让鲁国回归"礼法"秩序的政治策略。由于鲁国长期处于"公卑桓强"的政治局面，在"阳货之乱"后，三桓对家臣的控制力也下降了，造成家臣叛乱、霸占城邑、私扩城池、拥兵自重的权力格局。虽然鲁国表面上仍处于鲁公领导之下，但鲁国的实际权力已近乎分崩离析。而在孔子的治理下，鲁国逐步强大起来，有了制约权臣的能力。"隳三都"的着眼点就在于：如果权臣遵守"百雉之城"的礼法，自行拆除扩建的城墙，就等于"自断手脚"，等于重新认同三桓的领导；如果权臣反抗"隳城令"，鲁国就动用三桓的军队将其驱逐，以收复"失地"。这时鲁公与三桓的利益关系就达成了一致。而从长远看，既然三桓在"隳三都"时认同礼法，那么他们也将受到礼法的约束，从而服从鲁公领导。这样看"隳三都"也是一场由"名"到"实"的政治运动，其结果是让鲁国回归礼法秩序。◎**一言兴邦：**喻"为君难"之事，代指隳三都。《论语·子路》："定公问：'一言而可以兴邦，有诸？'孔子对曰：'言不可以若是其几也。人之言曰："为君难，为臣不易。"如知为君之难也，不几乎一言而兴邦乎？'"◎**舆服：**车舆冠服与各种仪仗规格，以示不同的尊卑等级。

隳三都・百雉之城

昔邑三　百　古制存
今卿为　雉　斗陪臣
桓自损　之　公自益
且望郈　城　起烟尘

◎**百雉之城：**符合礼法的城池规格。出自《史记・孔子世家》："定公十三年夏，孔子言于定公曰：'臣无藏甲，大夫毋百雉之城。'使仲由为季氏宰，将堕三都。于是叔孙氏先堕郈。"另《公羊传・定公十二年》载："孔子行乎季孙，三月不违，曰：'家不藏甲，邑无百雉之城。'于是帅师堕郈，帅师堕费。"又《左传・隐公元年》载："祭仲曰：'都，城过百雉，国之害也。'"杜预《左传集解》注："方丈曰堵，三堵曰雉。一雉之墙，长三丈，高一丈。侯伯之城，方五里，径三百雉，故其大都不得过百雉。"◎**今卿为雉斗陪臣：**影射鲁昭公因"斗鸡事件"被三桓驱逐，后死于晋国乾侯。而今三桓与权臣自斗也。◎**桓自损之公自益：**当三桓与其家臣以礼法标准拆除城墙时，正是鲁公获益之时。◎**郈城：**郈邑。叔孙氏家臣侯犯曾据郈反叛。

隳三都·武子之台

允文允　武　六艺才
遥闻贼　子　袭鲁来
干戈操　之　卫社稷
却敌楼　台　费遂隳

◎**武子之台**：鲁国季武子筑的高台。孔子隳三都时遭费人突袭，曾与鲁定公、三桓等登上此台观战。出自《史记·孔子世家》："季氏将堕费，公山不狃、叔孙辄率费人袭鲁。公与三子入于季氏之宫，登武子之台。费人攻之，弗克，入及公侧。孔子命申句须、乐颀下伐之，费人北。国人追之，败诸姑蔑。二子奔齐，遂堕费。"北魏郦道元《水经注·泗水》载："阜上有季氏宅，宅有武子台，今虽崩夷，犹高数丈。"◎**费**：费邑，位于今山东费县。阳货之乱后，叔孙辄和公山不狃据费邑反叛，孔子隳三都时，二人率兵突袭曲阜失败，逃亡齐国。

隳三都·公至自围成

曾记昭公奔齐时

而今兵至孟孙邑

君臣若自守其道

何必重围自操戈

三隳已成定公祭

◎**公至自围成：** 鲁定公从郕邑回到曲阜，代表隳三都的完成。出自《春秋·定公十二年》："十有二月，公围成，公至自围成。"《左传正义·桓公二年》有解"至"字意为："凡公行者，或朝或会或盟或伐，皆是也。孝子之事亲也，出必告，反必面，事死如事生，故出必告庙，反必告至。"即"至"代表事件的完成。而鲁定公是否完成"隳三都"几成历史公案，《公羊传》《穀梁传》皆不言其围成败；《左传》《史记》皆记"十二月，公围成，弗克"；《孔子家语·相鲁》载"费人北，遂隳三都之城，强公室，弱私家，尊君卑臣，政化大行"可视为成功。今按：（一）隳三都是为结束鲁国"陪臣执国政"的政治格局，达到三桓约束家臣、鲁公约束三桓的目的。（二）《左传》与《史记》所载：公敛处父谓孟孙曰："堕成，齐人必至于北门。且成，孟氏之保郕，无成是无孟氏也。我将弗堕。"即代表公敛处父认同孟孙氏对郕邑的所有权，说明已达到约束他的目的。（三）公敛处父虽为孟懿子权臣，但其在"阳货之乱"时击败阳货，又听从孟懿子命令不杀季桓子，且孟懿子早年也曾受教于孔子。（四）再加上《春秋》经载"公至自围成"，代表事件的完成。可以说在客观上已经达成孔子"隳三都"的政治目的，这就代表"隳三都"已经成功了。

去鲁·女乐文马

容玑齐　女　犬马声
惰我郊　乐　怠我政
且叹斯　文　且去鲁
缓催车　马　列国行

◎**女乐文马**：导致孔子去鲁的事件。据《史记·孔子世家》记载，孔子隳三都后，"齐人闻而惧……于是选齐国中女子好者八十人，皆衣文衣而舞《康乐》，文马三十驷，遗鲁君。陈女乐文马于鲁城南高门外……桓子卒受齐女乐，三日不听政；郊，又不致膰俎于大夫。孔子遂行……桓子喟然叹曰：'夫子罪我以群婢故也夫！'"孔子通过隳三都积累起巨大的政治声望，就在鲁国的权力已被集中、正待行使的时刻，季氏的怠政使孔子的心血付之东流。孔子具有远大的政治抱负，孔子的政治学是具有超越性的，绝非季氏那种把权臣赶走，再把家臣约束起来就可以高枕无忧享受女乐文马的目光短浅的庸俗贵族可比。所以，与其说孔子因悲愤去鲁，倒不如说孔子是蔑视季氏而去鲁，正如屈原在《涉江》中"吾方高驰而不顾"的姿态。◎**容玑**：《容玑》舞，指齐女舞之《康乐》。《孔子家语·子路初见》："乃选好女子八十人，衣以文饰而舞《容玑》。"

适卫·奉粟六万

身遇贵　奉　志未酬
空食腊　粟　道心羞
五十有　六　人岂老
霏雪亿　万　满帝丘

◎**奉粟六万**：孔子周游列国适卫时，卫灵公给孔子的俸禄。《史记·孔子世家》："卫灵公问孔子：'居鲁得禄几何？'对曰：'**奉粟六万**。'卫人亦致粟六万。"唐代张守节《史记正义》分析为六万斗，相当于郡守级别的二千石。至于第一次离开卫国的原因，司马迁写道："居顷之，或谮孔子于卫灵公……孔子恐获罪焉，居十月，去卫。"参考其后孔子多次适卫，此描述有相当大演绎成分，孔子离卫原因绝非"恐获罪"，而应是"灵公老，怠于政，不用孔子"。◎**空食腊粟道心羞**：代指《论语·述而》："子曰：'饭疏食饮水，曲肱而枕之，乐亦在其中矣。不义而富且贵，于我如浮云。'"道心：人心之理。《朱子语类·大禹谟》："人知饥渴寒暖，此人心也；恻隐羞恶，道心也。"◎**五十有六**：孔子56岁，即公元前496年，周敬王二十四年，鲁定公十四年，孔子在卫。◎**帝丘**：春秋时期卫国的都城。

过匡·状类阳虎

云霞千　状　思无疆
有教无　类　车马扬
不拘首　阳　心坦荡
气冲龙　虎　欲过匡

◎**状类阳虎：**孔子像阳货（即阳虎）。这是司马迁在《孔子世家》中的戏剧性描述，代表从外部视角观察，人们似乎不明白孔子的为人与他"周游列国"的目的，但又从侧面反映了孔子"周游"时的气势。《史记·孔子世家》："将适陈，过匡……匡人闻之，以为鲁之阳虎。阳虎尝暴匡人，匡人于是遂止孔子。孔子状类阳虎，拘焉五日。"这将引发有趣的联想，孔子是怎样的行状，才会令人联想到阳货呢？要知道阳货曾是鲁国权臣，是敢于囚禁季氏、欲尽杀三桓取而代之的角色，孔子就在阳货僭政时拒绝出仕，后三桓共讨阳货，才逼其奔齐国，后又奔晋。阳货与孔子可谓风马牛不相及，怎么可以类比呢？那么可以联想的只有气势了。司马迁这样描述，显示孔子"周游"的场景肯定不是背着包袱，扶老携幼；而一定是四牡彭彭，尘土飞扬，弟子相随，气冲斗牛吧。或者再进一步讲，在外人看来，堂堂一个鲁国大司寇，如果不是像阳货一样想篡权被驱逐出来，谁能相信孔子是因为背负着"礼乐"的超越性，才蔑视季氏自己离开呢？或许孔子被匡人拘禁时也会感到荒诞不经而又实属无奈吧。◎**首阳：**代指隐于首阳山的伯夷、叔齐。

过匡·文不在兹

仲尼颜　子　哲语声
超凡何　畏　世纷争
重围解　于　天不丧
斯文一　匡　四牡彭

◎**文不在兹**：孔子被困时发出的以中华文明继承者为己任的宣言。《论语·子罕》："子畏于匡。曰：'文王既没，文不在兹乎？天之将丧斯文也，后死者不得与于斯文也。天之未丧斯文也，匡人其如予何！'"朱熹《论语集注》将"文不在兹"注为："道之显者谓之文，盖礼乐制度之谓。不曰道而曰文，亦谦辞也。兹，此也，孔子自谓。"皇侃《论语义疏》将"子畏于匡"疏为"兵事阻险常情所畏，圣人无心，故即以物畏为畏也"，似有不通。今借用《尚书·皋陶谟》"天明畏，自我民明威"之意，解为：天视自民视，天听自民听，所以天文自人文；昔日人文由周文王制作，今日人文由鲁孔子继承，这是人文的传承，也正是天文的延续；而"天"大于"人"，人文在延续，没有失落，也有赖上天的恩赐与眷顾，从这个角度说即为"天之未丧斯文"。所以"子畏于匡"即：孔子在匡地对"天人合一"般的文明传承感到敬畏，并由此激发出大无畏的精神。◎**哲语声**：孔子被困于匡时与颜回失联，重逢后二人的话语。《史记·孔子世家》载："颜渊后，子曰：'吾以汝为死矣。'颜渊曰：'子在，回何敢死！'"◎**一匡**：匡正。《论语·宪问》："管仲相桓公，霸诸侯，一匡天下。"

返卫·子见南子

翠带珠　环　坐重闱
琼香兰　佩　出锦帷
玷玷白　玉　且作圭
烦志淫　声　不可为

◎**环佩玉声**：孔子见南子的情节，象征宫闱政治。《史记·孔子世家》："灵公夫人有南子者，使人谓孔子曰：'四方之君子不辱欲与寡君为兄弟者，必见寡小君。寡小君愿见。'孔子辞谢，不得已而见之。夫人在绤帷中。孔子入门，北面稽首。夫人自帷中再拜，环佩玉声璆然。"后引起子路不满，《论语·雍也》载："子见南子，子路不说。夫子矢之曰：'予所否者，天厌之！天厌之！'"这里的"天厌之"，意味着孔子作为秉持"先王之道"的儒家，是决不会参与宫闱政治、僭君政治的，而"见南子"也表现了孔子"无可无不可"（《论语·微子》）的"君子时中"（《中庸》）原则。◎**玷玷**：白玉上的斑点。《诗经·大雅·抑》："白圭之玷，尚可磨也。斯言之玷，不可为也。"◎**烦志淫声**：代指南子干政。出自《礼记·乐记》："文侯曰：'敢问溺音者何从出也？'子夏对曰：'郑音好滥淫志，宋音燕女溺志，卫音趣数烦志，齐音鳌辟乔志，四者皆淫于色而害于德，是以祭祀不用也。'"

适宋·天生予德

坐荫时　习　论中庸
宋魋无　礼　摧古桐
地道敏　树　人敏政
落英纷　下　和匪风

◎ **天生予德**：这里的"德"可释为高尚情操与卓越思想的综合体。典出《论语·述而》："子曰：'天生德于予，桓魋其如予何？'"何晏《论语集解》引包咸注，将"德"直接解释为"圣性，德合天地，吉无不利"。那么"天生德于予"的含义很可能与《中庸》中"天命之谓性"相同，即对意识与思想的哲学性把握。皇侃将全句疏为："天生圣德于我，我与天同体，桓魋虽无道，安能违天而害我乎？"◎ **习礼树下**：出自《史记·孔子世家》："孔子去曹适宋，与弟子习礼大树下。宋司马桓魋欲杀孔子，拔其树。孔子去。"孔子实为宋国公室后裔，孔子十一世祖弗父何是让位给其弟宋厉公的；七世祖孔父嘉曾为宋国大司马，后在政变中被杀，其后人逃到鲁国邹邑定居，即孔子这一支。所以可想当孔子要进入宋国时，当时的宋景公是有多么紧张，才会派出六卿级别的官员前去阻挠。而孔子是深知此故才会说出"天生予德"的名句吧。◎ **宋魋**：即桓魋，又名向魋。◎ **地道敏树人敏政**：大地以生物无倦，人亦应以行正道而无怨，喻人存政举。《礼记·中庸》："人道敏政，地道敏树。"◎ **匪风**：代指孔子去宋适郑，《匪风》为郑地之乐。《诗经·桧风·匪风》："匪风发兮，匪车偈兮。顾瞻周道，中心怛兮。"

适郑 · 丧家之狗

何来懊　丧　倚东郭
君子去　家　游列国
极目望　之　天地阔
白云苍　狗　几蹉跎

◎**丧家之狗**：可能是西汉初期以黄老学为主流思潮时，汉朝社会流传的一种对孔子的戏剧性描述。在《韩诗外传》与《史记·孔子世家》中均有体现。不同的是：前者更具悲剧色彩，后者显然添加了一种喜剧氛围。后世多引《孔子世家》中的表述："孔子欣然笑曰：'形状，末也。而谓似<u>丧家之狗</u>，然哉！然哉！'"似作陶然状。然而从逻辑上说，这似乎不是先秦的记录，因为如果这真是孔子生平，它一定会在战国广泛流传，那么它一定会出现在《孟子》《荀子》中并被探讨；一定会出现在《庄子》中并被调侃；一定会出现在《墨子》或《韩非子》中并被抨击、挖苦。但这些著作中都没有这个故事。而司马迁属于"尊儒"黄老学派，在《太史公自序》中他对儒的看法是："儒者博而寡要，劳而少功，是以其事难尽从；然其序君臣父子之礼，列夫妇长幼之别，不可易也。"他对道家的看法是："道家使人精神专一，动合无形，赡足万物。其为术也，因阴阳之大顺，采儒墨之善，撮名法之要，与时迁移，应物变化，立俗施事，无所不宜，指约而易操，事少而功多。"这似乎解释为何《老子列传》那样简洁，一人三身，还是孔子老师；而《孔子世家》却艰辛跌宕，结局令人伤感。但太史公终归还是佩服孔子的，所以他才让笔下"其颡似尧，其项类皋陶，其肩类子产，然自要以下不及禹三寸"的孔子自嘲地"会心一笑"吧。

适陈 · 肃慎之矢

鸷鸟肃	肃	坠陈廷
仲尼考	慎	稽砮翎
先王赐	之	东夷贡
大道如	矢	须服膺

◎**肃慎之矢**：孔子暂居陈国时由"楛矢贯隼"引发的考古事件。出自《史记·孔子世家》："有隼集于陈廷而死，楛矢贯之，石砮，矢长尺有咫。陈湣公使使问仲尼。仲尼曰：'隼来远矣，此肃慎之矢也。昔武王克商，通道九夷百蛮，使各以其方贿来贡，使无忘职业。于是肃慎贡楛矢石砮，长尺有咫。先王欲昭其令德，以肃慎矢分大姬，配虞胡公而封诸陈。'"近似的描述也出现在《国语》中。可能是司马迁引用《国语》为证明孔子历史知识渊博，足以"序书传"，即整理《尚书》，或给《尚书》作序。今本《尚书·周官》载："成王既伐东夷，肃慎来贺。王俾荣伯作《贿肃慎之命》。"◎**肃慎**：唐张守节《史记正义》载："肃慎，其地在夫馀国东北，河六十日行。其弓四尺，强劲弩射四百步，今之靺鞨国方有此矢。"

过蒲·盟可负耶

子曰要　盟　神不听
怀德岂　可　尊恶声
一生抱　负　离蒲去
是耶非　耶　礼裁定

◎盟可负耶：孔子"周游"途中，与蒲人战斗，并缔结"只要不去卫国，就放行孔子"的约定，后孔子"负约"直入卫国，子贡问孔子："盟约可以违背吗？"孔子回答："要挟下的盟誓，神明不会保佑。"出自《史记·孔子世家》："（孔子）过蒲，会公叔氏以蒲畔，蒲人止孔子。弟子有公良孺者，以私车五乘从孔子……斗甚疾。蒲人惧，谓孔子曰：'苟毋适卫，吾出子。'与之盟，出孔子东门。孔子遂适卫。子贡曰：'盟可负耶？'孔子曰：'要盟也，神不听。'"显然孔子吸取过匡的教训，这次过蒲是有备而来。"以私车五乘从"绝非"以五辆车从"，参照《左传·定公五年》"帅车五百乘以救楚"与《左传·定公十年》"齐师出竟，而不以甲车三百乘从我者，有如此盟"。"乘"应代表作战单位。皇侃《论语义疏》解"子曰：道千乘之国"引郑玄注为："革车一乘（四马、三人），甲士十人，徒卒二十人也。"《朱子语类·杂类》将《孙子兵法》"驰车千驷，革车千乘"释为"驰车即兵车，盖轻车也。革车驾以牛，盖辎重之车。每轻车七十二人，三人在车上，一御，一持矛，一持弓。此三人，乃七十五人中之将"。那么不论"一乘"是七十五人还是三十三人，"五乘"都是一支不小的战斗力量。司马迁这样写是为说明像蒲这样的小国，是奈何不了孔子的。

返卫·吾岂匏瓜

季路支　　吾　　怨中牟
坚白抑　　岂　　做畔徒
空悬金　　匏　　非儒志
谁投木　　瓜　　报琼琚

◎**吾岂匏瓜**：中牟宰佛肸叛赵简子，孔子欲往，并说："难道我是能看不能吃的葫芦吗？"出自《论语·阳货》："佛肸召，子欲往。子路曰：'昔者由也闻诸夫子曰："亲于其身为不善者，君子不入也。"佛肸以中牟畔，子之往也，如之何！'子曰：'然。有是言也。不曰坚乎，磨而不磷；不曰白乎，涅而不缁。吾岂匏瓜也哉？焉能系而不食？'"皇侃《论语义疏》引江熙注为："夫子岂实之公山佛肸乎？故欲往之意耶，泛示无系以观门人之情，如欲居九夷乘桴浮于海耳。子路见形而不及道，故闻乘桴而喜，闻之公山而不悦。升堂而未入室，安测圣人之趣哉？"朱熹《论语集注》引张栻注为："夫子今日之所言，圣人体道之大权也。然夫子于公山佛肸之召皆欲往者，以天下无不可变之人，无不可为之事也。其卒不往者，知其人之终不可变而事之终不可为耳。一则生物之仁，一则知人之智也。"此二注均过于牵强。今按：儒本道统，不唯血统；儒本中庸，不唯"非攻"；以孔子"坚白"之身，"无可无不可"之志，入中牟助佛肸，反晋国之僭臣，是无过矣。◎**琼琚**：精美的玉佩。《诗经·卫风·木瓜》："投我以木瓜，报之以琼琚。"

居卫·文王之操

天文人　文　一曲中
弹指先　王　沐谷风
穆然思　之　成对望
止水停　操　见碧空

◎**文王之操：**孔子向师襄所学之曲，代表孔子对"文王之德"的怀念。据《史记·孔子世家》所载，孔子曾学鼓琴于师襄子，被乐曲感动，流连忘返，由"习其曲"而"得其数"，由"习其数"而"得其志"，再由"习其志"而"得其人"。孔子最终感叹道："丘得其为人，黯然而黑，几然而长，眼如望羊，如王四国，非文王其谁能为此也！"令"师襄子辟席再拜"，说出："师盖云《文王操》也。"其中"眼如望羊，如王四国"的描述与《孟子·离娄下》所载"文王视民如伤，望道而未之见"相接近。三国蔡邕《琴操》中载有文王被商纣王拘于羑里时而作的《拘幽操》，此曲可能即是"文王之操"。或许孔子适卫有志难行，与文王被拘于羑里"申愤以作歌"有相同的心境吧。◎**天文人文：**《周易·贲卦》："观乎天文，以察时变；观乎人文，以化成天下。"◎**谷风：**东风。《诗经·小雅·谷风》："习习谷风，维山崔嵬。"《邶风·谷风》亦可影射卫灵公"夫妇离绝，国俗伤败"。

欲晋·临河而叹

志欲西　临　心起澜
一望黄　河　悲晋贤
竭泽渔　而　龙不渊
还陬指　叹　归操乱

◎**临河而叹**：孔子欲入晋国，但闻窦鸣犊、舜华二贤被赵简子所害，"临水而叹"，欲离晋还陬。《史记·孔子世家》载："孔子既不得用于卫，将西见赵简子。至于河而闻窦鸣犊、舜华之死也，临河而叹曰：'美哉水，洋洋乎！丘之不济此，命也夫！'子贡趋而进曰：'敢问何谓也？'孔子曰：'窦鸣犊，舜华，晋国之贤大夫也。赵简子未得志之时，须此两人而后从政；及其已得志，杀之乃从政。丘闻之也，刳胎杀夭，则麒麟不至郊；竭泽涸渔，则蛟龙不合阴阳；覆巢毁卵，则凤皇不翔。何则？君子讳伤其类也。夫鸟兽之于不义也尚知辟之，而况乎丘哉！'乃还息乎陬乡，作为《陬操》以哀之。"此事件应为汉朝演绎，后散见于多种著作。《孔子家语·困誓》几与《史记》一致，但将乐曲记为《盘琴》；《孔丛子·记问》对事件描述简练，却完整记述了四言的《陬操》；而在《说苑·权谋》中竟然还加入了赵简子的心理活动："赵简子曰：'晋有泽鸣、犊犨，鲁有孔丘，吾杀此三人，则天下可图也。'于是乃召泽鸣、犊犨，任之以政而杀之。使人聘孔子于鲁。"◎**归操**：即《陬操》，蔡邕在《琴操》中将其记为《将归操》，辞与《孔丛子》末句同。

居陈·鲁人召求

悠悠去　鲁　耳顺年
清风哲　人　对长天
挥手一　召　丹鹤去
鸣蝉何　求　松竹间

◎**鲁人召求**：孔子返鲁的前奏。《史记·孔子世家》："季桓子病……谓其嗣康子曰：'我即死，若必相鲁；相鲁，必召仲尼。'后数日，桓子卒，康子代立。已葬，欲召仲尼。公之鱼曰：'昔吾先君用之不终，终为诸侯笑。今又用之，不能终，是再为诸侯笑。'康子曰：'则谁召而可？'曰：'必召冉求。'于是使使召冉求。冉求将行，孔子曰：'**鲁人召求**，非小用之，将大用之也。'是日，孔子曰：'归乎归乎！吾党之小子狂简，斐然成章，吾不知所以裁之。'子贡知孔子思归，送冉求，因诫曰'即用，以孔子为招'云。"其中"吾党之小子狂简"句之意，皇侃《论语义疏》注为："孔子言我所以欲归者，为我乡党中有诸末学小子，狂而无避，进取正经大道，辄妄穿凿，斐然以成文章，皆不知其所以，辄自裁断，此为谬误之甚，故我当归为裁正之也。"朱熹《论语集注》注为："夫子初心，欲行其道于天下，至是而知其终不用也。于是始欲成就后学，以传道于来世。又不得中行之士而思其次，以为狂士志意高远，犹或可与进于道也。但恐其过中失正，而或陷于异端耳，故欲归而裁之也。"皇侃疏与朱熹注基本一致。

如叶・子为父隐

叶公孔　子　论攘羊
子证父　为　不称良
子悲其　父　父怜子
情系恻　隐　德已彰

◎**子为父隐：**儒学经典命题之一。现解释为，（父攘羊）子为父难过，愿替父赎罪。出自《论语・子路》："叶公语孔子曰：'吾党有直躬者，其父攘羊，而子证之。'孔子曰：'吾党之直者异于是。父为子隐，子为父隐，直在其中矣。'"由于前代解释均难以反映当下儒学精神，今分析解释如下：（一）《论语・里仁》："子曰：'事父母几谏。见志不从，又敬不违，劳而不怨。'"另《孝经・谏诤》："父有争子，则身不陷于不义。故当不义，则子不可以不争于父。"这说明父子"可谏可诤"。（二）《孟子・离娄上》："父子相夷，则恶矣……父子之间不责善。责善则离……不得乎亲，不可以为人；不顺乎亲，不可以为子。"这说明父子应不"相夷"。（三）叶公之论，将礼法与亲情对立，认为礼法大于亲情是"直"。但儒家思想并非"二元对立"，儒家认为亲情与礼法不矛盾，亲情恰恰是礼法的基础（且孔子之论似未随"攘羊"前提）。（四）《孟子・公孙丑上》："恻隐之心，仁之端也。"另《孟子・尽心下》："仁之于父子也，义之于君臣也。"可见父子之"隐"应为"恻隐之心"。（五）《木兰诗》："阿爷无大儿，木兰无长兄。愿为市鞍马，从此替爷征。"此处"替"即为"隐"；又《孟子・尽心上》载"瞽瞍杀人""舜视弃天下，犹弃敝屣也"，舜弃天下而为父赎罪，亦为"隐"。故（父攘羊）"子为父隐"解释为，儿子为父亲难过，愿替父受罚之意。

去叶·荷蓧丈人

败柳残	荷	映秋泽
借问荷	蓧	寻子车
乡隐野	丈	知私礼
世外戆	人	无公社

◎**荷蓧丈人**：与入世的儒家作对比的出世的隐者。即以社会沉沦为理由，以远离社会为姿态，洁身自好、顾小家、不顾"大家"的人。其结果是导致社会秩序的进一步坠落。《论语·微子》："子路从而后，遇丈人，以杖荷蓧。子路问曰：'子见夫子乎？'丈人曰：'四体不勤，五谷不分。孰为夫子？'……子路曰：'不仕无义。长幼之节，不可废也；君臣之义，如之何其废之？欲洁其身，而乱大伦。君子之仕也，行其义也。道之不行，已知之矣。'"这里的"君子之仕也，行其义也"意为，政治家有行使其社会责任的义务。◎**公社**：古代官祀天地祖先的处所。《礼记·月令·孟冬之月》："天子乃祈来年于天宗，大割祠于公社及门闾，腊先祖五祀，劳农以休息之。"◎**戆人**：迂愚而刚直的人。明方孝孺著有《戆窝记》。

陈蔡·陈蔡之厄

婺臣僭　君　何獝狂
陈蔡困　子　绝食粮
腹空心　固　歌王风
大道无　穷　若暖阳

◎**陈蔡之厄**：孔子师徒被困于陈蔡之间，七日不得食，讲诵弦歌不衰，读书习礼乐不休。出自《孟子·尽心下》："君子之厄于陈蔡之间，无上下之交也。"这一"事件"被广泛记述在《孟子》《荀子》《墨子》《庄子》《列子》《吕氏春秋》《新语》《韩诗外传》《史记》等战国秦汉著作中。在1973年出土的定州汉简《论语》（目前所发现最早《论语》版本）残简上，赫然写有"遂行，在陈绝粮。从者……"的字迹。◎**君子固穷**：《论语·卫灵公》："在陈绝粮，从者病，莫能兴。子路愠见曰：'君子亦有穷乎？'孔子曰：'君子固穷，小人穷斯滥矣。'"朱熹《论语集注》释为："程子曰：'固穷者，固守其穷。'愚（朱熹）谓圣人当行而行，无所顾虑。处困而亨，无所怨悔。"1993年出土的郭店楚简有《穷达以时》篇目，似可与"君子固穷"相对应。◎**王风**：《诗经·王风·黍离》："知我者，谓我心忧；不知我者，谓我何求。"

陈蔡·子不语

不怨不　怪　不尤人
行有馀　力　乃学文
欲拨诸　乱　反世正
非鬼而　神　怎修身

◎**怪力乱神：**出自《论语·述而》："子不语：怪、力、乱、神。"即孟子所云："人有不为也，而后可以有为。"皇侃《论语义疏》引东晋李充注为："力不由理，斯怪力也；神不由正，斯乱神也；怪力、乱神，有兴于邪，无益于教，故不言也。"又引三国王肃注为："怪，怪异也；力，谓若奡荡舟、乌获举千钧之属；乱，谓臣弑君、子弑父；神，谓鬼神之事；或无益于教化，或所不忍言。"可见三国两晋对"怪力乱神"的句读存两种解读。朱熹《论语集注》引谢良佐注为："圣人语常而不语怪，语德而不语力，语治而不语乱，语人而不语神。"◎**行有馀力乃学文：**《论语·学而》："子曰：'弟子入则孝，出则弟，谨而信，泛爱众，而亲仁。行有馀力，则以学文。'"◎**非鬼而神：**《论语·为政》："子曰：'非其鬼而祭之，谄也。'"

陈蔡·一以贯之

天地有　一　在人心
蛮貊所　以　变新民
古今汇　贯　载万志
立象言　之　乃曰仁

◎**一以贯之：**对"仁"的象征性描述。出自《论语·卫灵公》："子曰：'赐也，女以予为多学而识之者与？'对曰：'然，非与？'曰：'非也，予一以贯之。'"皇侃《论语义疏》疏为："我以一善之理，贯穿万事，而万事自然可识，故得知之，故云予一以贯之也。"朱熹在《朱子语类·论语九》中以"理学概念"结合曾子"忠恕"说，对"一以贯之"作了大量发挥，现摘录其三点：（一）"我之所得者忠，诚即此理，安顿在事物上则为恕。无忠则无恕，盖本末、体用也。"（二）"以己及物，仁也，'一以贯之'是也；推己及物，恕也，'违道不远'是也。"（三）"合忠恕，正是仁。若使曾子便将仁解一字，却失了体用，不得谓之一贯尔。要如此讲'贯'，方尽。"现将其意归纳如下：（一）"一以贯之"，即以"一种思想"作为存在的信条，作为行动的原则。（二）"这种思想"是善的、美的与有创造力的。（三）"一以贯之"是对"这种思想"的象征性表达；"忠恕"是行使"这种思想"的方法与过程；而"仁"即"这种思想"的存在、目的与实质。所以"一以贯之""忠恕"，都是"仁"的表现。（四）"仁"，即是美，即是善，即是创造力，即是人的社会超越性存在。

陈蔡·国者之丑

游遍列　国　道难行
刚毅儒　者　亦从容
仁已践　之　心无愧
诸侯鄙　丑　万古抨

◎**国者之丑：**司马迁在《史记·孔子世家》中对困于陈蔡的孔子师徒，进行了极富戏剧性的描写。孔子借用《诗经·小雅·何草不黄》中诗句"匪兕匪虎，率彼旷野"以"吾道非邪？吾何为于此？"分别试探子路、子贡与颜回的反应。结果子路以"意者吾未仁邪？人之不我信也"内心动摇，遭到孔子诘问；子贡则以"夫子之道至大也，故天下莫能容夫子。夫子盖少贬焉"求孔子降志从俗，遭到孔子批评；只有颜回最为坚定，以"夫道之不修也，是吾丑也。夫道既已大修而不用，是有国者之丑也。不容何病，不容然后见君子！"博得孔子认同。《毛诗序》认为《何草不黄》是："下国刺（周）幽王也。四夷交侵，中国背叛，用兵不息，视民如禽兽。君子忧之，故作是诗也。"其中"匪兕匪虎，率彼旷野。哀我征夫，朝夕不暇"，《毛诗正义》注为："言我此役人，若是野兽，可常在外。今非是兕，非是虎，何为久不得归，常循彼空野之中，与兕虎禽兽无异乎？时既视民如禽兽，故哀我此征行之夫，朝夕常行而不得闲暇。"朱熹《诗经集传》注为："言征夫匪兕匪虎，何为使之循旷野，而朝夕不得闲暇也。"

适楚·书社七百

楚昭若　书　紫泥封
文王郊　社　郢都隆
内修教　七　外三至
礼仪三　百　期月成

◎**书社七百**：《史记·孔子世家》载"昭王将以书社地七百里封孔子"，后被楚令尹子西以孔子难以驾驭为由阻挠。书社，即里社，古时以二十五户为里，各里立社，指楚昭王欲以万户封孔子。
◎**教七**：即七教，典出《孔子家语·王言解》："孔子曰：'上敬老则下益孝，上尊齿则下益悌，上乐施则下益宽，上亲贤则下择友，上好德则下不隐，上恶贪则下耻争，上廉让则下耻节。此之谓七教。'"◎**三至**：《孔子家语·王言解》："孔子曰：'至礼不让而天下治，至赏不费而天下士悦，至乐无声而天下民和。'"意为：（良好的制度）像"礼"但不需要谦让而令社会大治，（良好的价值观）像"褒奖"但不需要花费而令知识阶层高兴，（良好的社会文化风气）像"音乐"但没有声音而令社会和谐。◎**期月**：一年。《论语·子路》："子曰：'苟有用我者，期月而已可也，三年有成。'"

去楚·辟世之士

心远道　辟　路颠簸
委身乱　世　几消磨
隐者耕　之　狂者歌
唯有志　士　能求索

◎**辟世之士**：隐居之人。《论语·微子》："长沮、桀溺耦而耕，孔子过之，使子路问津焉……（桀溺）曰：'滔滔者天下皆是也，而谁以易之？且而与其从辟人之士，岂若从辟世之士哉！'耰而不辍。子路行以告。夫子怃然曰：'鸟兽不可与同群。吾非斯人之徒与而谁与？天下有道，丘不与易也。'"皇侃《论语义疏》引南齐沈居士带有郭象"独化"概念的注疏为："沈居士曰：'世乱，贤者宜隐而全生，圣人宜出以弘物，故自明我道以救大伦。彼之绝迹隐世实由世乱，我之蒙尘栖遑亦以道丧。此即彼与我同患世也。彼实中贤，无道宜隐，不达教者也；我则至德，宜理大伦，不得已者也。我既不失，彼亦无违……且沮、溺是规子路，亦不规夫子，谓子路宜从己，不言仲尼也……彼居林野，居然不得不群鸟兽，群鸟兽避世，外以为高行，初不为鄙也。但我自得耳，以体大居正，宜弘世也……天下人自各有道，我不以我道易彼，亦不使彼易我，自各处其宜也。如江熙所云，汤、武而亦贤夷、齐美，管仲亦不讥邵忽也。'"朱熹《论语集注》则注为："程子（程颐）曰：'圣人不敢有忘天下之心，故其言如此也。'张子（张载）曰：'圣人之仁，不以无道必天下而弃之也。'"◎**隐者、狂者**：隐者指长沮、桀溺，狂者指楚狂接舆。

56

去卫·名正言顺

一论刑　名　道心伤
淫雨无　正　世惶惶
君子谨　言　为慎行
云开风　顺　催丝缰

◎**名正言顺：** 子路劝孔子应在卫国"执政"，并说孔子迂腐，引发孔子"名正言顺"的论述。《论语·子路》："子曰：'野哉由也！君子于其所不知，盖阙如也。<u>名不正，则言不顺</u>；言不顺，则事不成；事不成，则礼乐不兴；礼乐不兴，则<u>刑罚不中</u>；刑罚不中，则民无所措手足。'"实际上，在"名正言顺"的背后隐藏着卫国在权力交接中出现的重大政治危机。当是时，卫灵公庶长子蒯聩，与后母南子不和，惧怕南子在灵公处作梗，阻挠其继承卫国，欲谋害南子，但事情败露，只好出奔晋国，这给了晋国权阀赵简子介入卫政的机会。而后南子本想立灵公幼子公子郢为储君，但公子郢坚决不从，所以只得出于"礼法"，将卫国公位传给蒯聩的儿子姬辄，南子成为卫国的实际控制人。卫国在晋、齐这两大强权之间，又是鲁国"门户"，卫国政局稍有闪失，就会引发晋、齐干政，产生一系列危险后果。而事情的发展也正是如此，南子便死于其后的政变中。所以在"轻则伤名，重则失身"的政治环境里，孔子不想介入卫政，这才用"名正言顺"来教导子路。◎**刑名：** 即"名不正，则言不顺；礼乐不兴，则刑罚不中"。◎**淫雨：** 代指南子干政所引发的卫国的腥风血雨。

返鲁·夫子不利

辗转工　夫　十四秋
季康召　子　问冉有
公伯谁　不　惜名器
国以义　利　儒可留

◎**夫子不利**：促成孔子返鲁的直接性事件。《史记·孔子世家》："冉有为季氏将师，与齐战于郎，克之。季康子曰：'子之于军旅，学之乎？性之乎？'冉有曰：'学之于孔子。'季康子曰：'孔子何如人哉？'对曰：'用之有名；播之百姓，质诸鬼神而无憾。求之至于此道，虽累千社，夫子不利也。'康子曰：'我欲召之，可乎？'对曰：'欲召之，则毋以小人固之，则可矣。'""战于郎"，即公元前484年，鲁哀公十一年，齐伐鲁，战于今山东鱼台。"春秋三传"与《礼记·檀弓下》均有记载。《左传·哀公十一年》："春，齐为鄎故……帅师伐我，及清，季孙谓其宰冉求曰：'齐师在清，必鲁故也，若之何？'求曰：'一子守，二子从……'冉有用矛于齐师，故能入其军，孔子曰：'义也。'"◎**名器**：喻国家栋梁，指孔子。杜甫《哭韦大夫之晋》："春秋褒贬例，名器重双全。"

返鲁·鸟能择木

翩翩归　鸟　游子心
仁者岂　能　拒躬身
物竞天　择　白双鬓
秋风落　木　蒲车痕

◎**鸟能择木**：孔子在返鲁前对卫国大夫孔文子说的话。《史记·孔子世家》："卫孔文子将攻太叔，问策于仲尼。仲尼辞不知，退而命载而行，曰：'鸟能择木，木岂能择鸟乎！'文子固止。会季康子逐公华、公宾、公林，以币迎孔子，孔子归鲁。孔子之去鲁凡十四岁而反乎鲁。""卫孔文子将攻太叔"，事件载于《左传·哀公十一年》，孔文子让太叔疾休掉现妻，以迎娶自己的女儿。后发现太叔疾竟将前妻之妹供养私通，相当于一夫二妻，遂大怒欲讨伐太叔疾，所以咨询孔子意见，被孔子以"鸟能择木"婉拒。"以币迎孔子"的"币"为"束帛"之意。◎**蒲车**：安车蒲轮，以多层蒲叶包裹车轮，以便行驶时车身更为安稳。一般用于接送"三老五更"、德高望重的帝师。《汉书·武帝纪》："遣使者安车蒲轮，束帛加璧，征鲁申公。"

返鲁·哀公问政

鸾鹤不　举　燕雀扰
君道匪　直　礼乐矫
他石可　错　我怀玉
尊贤无　枉　告唐尧

◎**举直错枉：**选拔贤人、罢黜奸佞。《论语·为政》："哀公问曰：'何为则民服？'孔子对曰：'举直错诸枉，则民服；举枉错诸直，则民不服。'"这场对话发生时，鲁哀公约 24 岁，孔子约 68 岁。《论语·颜渊》借子夏之口将"举直错枉"解释为："舜有天下，选于众，举皋陶，不仁者远矣。汤有天下，选于众，举伊尹，不仁者远矣。"皇侃《论语义疏》注为："直，谓正直之人也。错，置也。枉，邪委曲佞之人也。言若举正直之人为官位，为废置邪佞之人，则民服君德也。亦由哀公废直用枉故也。"朱熹《论语集注》引谢良佐注为："好直而恶枉，天下之至情也。顺之则服，逆之则去，必然之理也。然或无道以照之，则以直为枉，以枉为直者多矣，是以君子大居敬而贵穷理也。"

返鲁·季氏问臣

言行何　以　报缁衣
心有直　道　身有倚
笾豆之　事　存大礼
毋守昏　君　毋降志

◎**以道事君：**孔子回答季氏族人的话语，反映孔子的从政理念。《论语·先进》："季子然问：'仲由、冉求可谓大臣与？'子曰：'吾以子为异之问，曾由与求之问。所谓大臣者：以道事君，不可则止。今由与求也，可谓具臣矣。'曰：'然则从之者与？'子曰：'弑父与君，亦不从也。'"皇侃《论语义疏》疏为："明大臣之事也，以道事君，谓君有恶名必谏也，不可则止，谓三谏不从，则越境而去者也。"朱熹《论语集注》注为："以道事君者，不从君之欲。不可则止者，必行己之志。"南朝梁皇侃的注释，与南宋朱熹的注释几乎一致。孔子是在告诉季氏，儒家培养的是"以道事君"的士大夫，不是对统治者唯命是从的奴才。◎**缁衣：**黑帛朝服。1993 年出土的郭店楚简有《缁衣》篇，内容与《礼记·缁衣》大致相同。首句为"夫子曰：好美如好《缁衣》，恶恶如恶《巷伯》"，这里的《缁衣》为《诗经·郑风·缁衣》篇。可见"缁衣"对于古代政治生活的重要程度。◎**笾豆之事：**指孔子去鲁时，桓子受齐女乐不听政、郊祭又不致膰俎于大夫之事。

立教·有教无类

子张子	有	曾问道
庠序立	教	首申孝
三百思	无	一邪僻
圣我同	类	志唐尧

◎**有教无类**：孔子的教育主张。出自《论语·卫灵公》："子曰：'有教无类。'"皇侃《论语义疏》疏为："人乃有贵贱同宜资，教不可以其种类庶鄙而不教之也，教之则善本无类也。"朱熹《论语集注》注为："人性皆善，而其类有善恶之殊者，气习之染也。故君子有教，则人皆可以复于善，而不当复论其类之恶矣。"朱熹注中出现唐代李翱的"复性"概念。◎**子张**：颛孙师，字子张。孔子曾向子张传授"尊五美，屏四恶"的从政之道。◎**子有**：有若，字子有。《论语·学而》中记载了有若关于"先王之道斯为美"的论述。◎**庠序**：《孟子·滕文公上》："设为庠序学校以教之：庠者，养也；校者，教也；序者，射也。夏曰校，殷曰序，周曰庠，学则三代共之，皆所以明人伦也。"◎**孝**：由"孝道"引申为"思想的传承"。◎**三百思无一邪僻**：《论语·为政》："子曰：'《诗》三百，一言以蔽之，曰思无邪。'"◎**圣我同类**：即"复性"概念。《孟子·告子上》："圣人与我同类者……圣人先得我心之所同然耳。"

立教·文行忠信

一质一　文　君子襟
谨言慎　行　戒骄淫
尽心为　忠　推己恕
崇德笃　信　可近仁

◎**文行忠信**：孔门四教。《论语·述而》："子以四教：文、行、忠、信。"皇侃《论语义疏》引东晋李充注为："典籍辞义谓之文，孝悌恭睦谓之行，为人臣则忠，与朋友交则信。"朱熹《论语集注》引程子曰："教人以学文修行而存忠信也。"◎**一质一文**：文质。《论语·雍也》："子曰：'质胜文则野，文胜质则史。文质彬彬，然后君子。'"◎**谨言慎行**：《论语·为政》："子张学干禄。子曰：'多闻阙疑，慎言其馀，则寡尤；多见阙殆，慎行其馀，则寡悔。言寡尤，行寡悔，禄在其中矣。'"◎**尽心为忠推己恕**：忠恕，孔子的一贯之道。可视为运用思想力的过程。皇侃《论语义疏》疏为："忠，谓尽忠心也。恕，谓忖我以度于人也。言孔子之道，更无他法，政（故）用忠恕之心，以己测物，则万物之理皆可穷验也。"朱熹《论语集注》以理学思想注为："尽己之谓忠，推己之谓恕……夫子之一理浑然而泛应曲当，譬则天地之至诚无息，而万物各得其所也……盖至诚无息者，道之体也，万殊之所以一本也；万物各得其所者，道之用也，一本之所以万殊也。以此观之，一以贯之之实可见矣。"◎**崇德笃信**：崇信思想力，笃行创造力。

立教·里仁为美

信步阙　里　思日用
以友辅　仁　诗书诵
见义不　为　非为勇
天地大　美　人伦通

◎**里仁为美：**儒家的日用工夫。出自《论语·里仁》："子曰：'里仁为美。择不处仁，焉得知？'"◎**阙里：**孔子居住与设教授徒之地。◎**日用：**包含"居敬""勿忘勿助""格致诚正修"等，"里仁为美"亦在其中。《朱子语类·总论为学之方》云："圣门日用工夫，甚觉浅近。然推之理，无有不包，无有不贯，及其充广，可与天地同其广大。"◎**以友辅仁：**属于日用工夫。《论语·颜渊》："曾子曰：'君子以文会友，以友辅仁。'"◎**见义不为：**《论语·为政》："子曰：'见义不为，无勇也。'"另《论语·阳货》："子路曰：'君子尚勇乎？'子曰：'君子义以为上。君子有勇而无义为乱，小人有勇而无义为盗。'"◎**人伦通：**《孟子·离娄上》："孟子曰：'规矩，方员之至也；圣人，人伦之至也。'"又《孟子·滕文公上》云："圣人有忧之，使契为司徒，教以人伦：父子有亲，君臣有义，夫妇有别，长幼有序，朋友有信。"一个良好的社会制度所呈现的"彝伦攸叙"，是天地间大美。

立教·克己复礼

刚克柔　克　直是德
及人推　己　仁可得
山重水　复　由斯道
博文约　礼　遍风雅

◎**克己复礼**：儒家核心概念之一。狭义可理解为"修身之道"；广义可解释为人只有投身于"礼"（制度，作为创造力的结构）才能获得"仁"（人的社会超越性存在）。典出《论语·颜渊》："颜渊问仁。子曰：'克己复礼为仁。一日克己复礼，天下归仁焉。'""克己复礼"作为儒学重要概念曾被这样解释：（一）邢昺《论语注疏》疏为："能约身反礼则为仁矣……人君若能一日行克己复礼，则天下皆归此仁德之君也。"（二）朱熹《论语集注》载："为仁者，必有以胜私欲而复于礼，则事皆天理，而本心之德复全于我矣。"（三）王阳明《传习录》载："仁者以万物为体，不能一体，只是己私未忘。全得仁体，则天下皆归于吾。"◎**刚克、柔克、直**：指三德。《尚书·洪范》："三德：一曰正直，二曰刚克，三曰柔克。"◎**及人推己**：即推己及人。《论语·卫灵公》："己所不欲，勿施于人。"◎**由斯道**：《论语·雍也》："子曰：'谁能出不由户？何莫由斯道也？'"◎**博文约礼**：《论语·雍也》："子曰：'君子博学于文，约之以礼，亦可以弗畔矣夫！'"

修道·叙书传礼

人代天　叙　文在兹
编次尚　书　三代史
典誓得　传　中国存
吾从周　礼　弘仁义

◎**叙书传礼**：孔子编纂《尚书》，宣扬三代政治制度、政治伦理。希望鲁公、三桓以及年青的学子，能借鉴古代圣贤敬天畏民思想，确保鲁国长治久安。典出朱熹《四书章句集注·论语序说》："然鲁终不能用孔子，孔子亦不求仕，乃叙《书》传《礼记》。有杞宋、损益、从周等语。"另《史记·孔子世家》载："追迹三代之礼，序《书》传，上纪唐虞之际，下至秦缪，编次其事。"◎**人代天叙文在兹**：当人"替天行道"，代"天"记录历史的印记时，文明就在此处。◎**典誓**：代指《尚书》。《尚书》开篇为《尧典》，末篇为《秦誓》。◎**吾从周礼**：《论语·八佾》："子曰：'周监于二代，郁郁乎文哉！吾从周。'"

修道·删诗正乐

损益刊　删　简三千
四言修　诗　三百篇
十五风　正　二南美
弦歌雅　乐　周道前

◎**删诗正乐：**孔子修订《诗经》，旨在端正鲁国政治文化氛围，希望"鲁政"如《诗经·鲁颂·駉》中"駉駉牡马，在坰之野"，奔腾驰骋，以"思无邪"。典出朱熹《四书章句集注·论语序说》："然鲁终不能用孔子，孔子亦不求仕……删诗正乐。有语大师及乐正之语。"◎**损益：**亏与盈、减与增，代指孔子对《诗经》的增减。《论语·为政》："子曰：'殷因于夏礼，所损益，可知也；周因于殷礼，所损益，可知也；其或继周者，虽百世可知也。'"◎**三千、三百：**《史记·孔子世家》载："古者《诗》三千馀篇，及至孔子，去其重，取可施于礼义……三百五篇孔子皆弦歌之。""三千馀篇"是司马迁记录的虚数，并非史实。◎**四言修诗：**《诗经》整体上以"四言"为诗体绝非偶然。（一）参考《尚书》以"四代"（虞夏商周）为宗。（二）《易》以"元亨利贞"为四德。（三）《春秋》以"四时"（春夏秋冬）记事。（四）《乐》以"四如"（翕如、纯如、皦如、绎如）为韵。（五）《礼》有"四祭"（春曰礿，夏曰禘，秋曰尝，冬曰烝）。（六）而《诗》又称"四始"（《关雎》为风始，《鹿鸣》为小雅始，《文王》为大雅始，《清庙》为颂始）。（七）再结合汉代董仲舒"五行象数学"解读，与《周易·系辞上》"广大配天地，变通配四时"，那么《诗经》采用"四言"为体，带有深刻的哲学象征性含义。

修道·子述春秋

孔子删　述　春秋昭
笔则笔　而　削则削
微言无　不　存大义
褒贬可　作　万世表

◎**子述春秋**：孔子作《春秋》，最大意义在于，只有当历史被记录下来，历史才被赋予意义。结合《史记·孔子世家》的描述分析，"孔子修史"的意义如下：（一）"乃因史记作《春秋》"（因古代记录而写，不演绎）。（二）"上至隐公，下讫哀公十四年，十二公"（对记录历史的范围进行界定，十二公很可能象征十二月）。（三）"据鲁，亲周，故殷，运之三代"（对临近史的评判要符合"古往今来"的历史认知）。（四）"约其文辞而指博"（对历史的记录务求简练，不堆砌）。（五）"故吴楚之君自称王，而《春秋》贬之曰'子'；践土之会实召周天子，而《春秋》讳之曰'天王狩于河阳'；推此类以绳当世"（以社会公认的价值，即"周礼"作为判断历史事件正反、善恶的标准）。（六）"贬损之义，后有王者举而开之。《春秋》之义行，则天下乱臣贼子惧焉"（史学的意义，为后世提供借鉴）。◎**述而不作**：孔子的史学态度，只记录而不演绎。《论语·述而》："子曰：'述而不作，信而好古，窃比于我老彭。'"◎**删述**：李白《古风》："我志在删述，垂辉映千春。"◎**笔则笔、削则削**：有利于读者认知历史真相的就记录，影响读者认知历史真相的就删去。

修道·子作十翼

龙马出　河　伏羲得
神龟着　图　大禹择
参伍渭　洛　文周卦
十翼成　书　赞孔哲

◎**子作十翼：**孔子晚年研《易》，作《十翼》。《史记·孔子世家》载："孔子晚而喜《易》，序《彖》《系》《象》《说卦》《文言》。读《易》，韦编三绝。曰：'假我数年，若是，我于《易》则彬彬矣。'"另《文心雕龙》载："自夫子删述，而大宝咸耀。于是《易》张《十翼》。"《十翼》标志着孔子对《易》作社会学与哲学性解读，使《易》从狭义的卜筮中解放出来，孔子赋予《易》更广阔的思想外延。◎**河图洛书：**河图与洛书是中华文明特有的哲学符号，代表了中华文明从现象认识到抽象认知的思想阶段。出自《周易·系辞上》："河出《图》，洛出《书》，圣人则之。"另《史记·孔子世家》载："(孔子)曰：'河不出《图》，雒不出《书》，吾已矣夫！'"◎**伏羲得、大禹择：**《论衡·正说》："夫圣王起，河出《图》，洛出《书》。伏羲王，《河图》从河水中出，《易》卦是也。禹之时，得《洛书》，《书》从洛水中出，《洪范》九章是也。故伏羲以卦治天下，禹案《洪范》以治洪水。"◎**参伍：**《周易·系辞上》："参伍以变，错综其数，通其变，遂成天下之文。极其数，遂定天下之象。"◎**渭洛：**渭水与洛水，代指西周发展。◎**文周卦：**指文王作《卦辞》，周公作《爻辞》。

率性·莞尔而笑

德风拂　莞　武城弦
大道卓　尔　通九天
学而诲　而　为爱人
逍遥一　笑　子欣然

◎**莞尔而笑**：莞尔，小笑之貌。孔子以"会心一笑"的方式，鼓励子游的"武城弦歌"。出自《论语·阳货》："子之武城，闻弦歌之声。夫子莞尔而笑，曰：'割鸡焉用牛刀？'子游对曰：'昔者偃也闻诸夫子曰，君子学道则爱人，小人学道则易使也。'子曰：'二三子！偃之言是也。前言戏之耳。'"◎**德风**：《论语·颜渊》："康子问政于孔子曰：'如杀无道，以就有道，何如？'孔子对曰：'子为政，焉用杀？子欲善，而民善矣。君子之德风，小人之德草。草上之风，必偃。'"◎**学而诲而**：《论语·述而》："子曰：'默而识之，学而不厌，诲人不倦，何有于我哉？'"◎**逍遥**：悠然自得。《韩诗外传》："孔子抱圣人之心，彷徨乎道德之域，逍遥乎无形之乡。"

率性·西狩获麟

婴士鲁　　西　　伤仁兽

非时以　　狩　　惹人忧

无德而　　获　　子绝笔

道穷若　　麟　　悲春秋

◎**西狩获麟**：著名"经学事件"。出自《春秋》："十有四年，春，<u>西狩获麟</u>。""获麟"在《春秋三传》《史记》《孔子家语》《孔丛子》等书中均有不同的阐释。大致可归为："道穷说"，孔子如麒麟"生不逢时"，后感于"获麟"止作《春秋》；"绝笔说"，以获麟事件为始作《春秋》，并以记录获麟事件为止笔；"感麟说"，麟为祥瑞以应《春秋》之成。朱熹在《朱子语类》中对此评论相当中肯："《春秋》获麟，某不敢指定是书成感麟，亦不敢指定是感麟作。大概出非其时，被人杀了，是不祥。"◎**麟**：一般雅化为"麒麟"，为仁兽，在流传中赋予其多种形态，带有神话色彩，参考《周官·夏官司马》载"马八尺以上为龙，七尺以上为騋，六尺以上为马"，宋代《六经图考》注"麟"为"仁兽大麆"，应是成年带角獐子。◎**婴士**：锄商，叔孙氏车夫。获麟者，是"无德之人"。◎**非时以狩**：麟为祥瑞，感时而现，但获麟前鲁国天灾频发。据《春秋·哀公十三年》载"九月，螽。冬，十有一月，有星孛于东方。十有二月，螽"，是非其时而现。◎**绝笔**：杜预"绝笔说"。《左传正义·春秋序》："麟凤五灵，王者之嘉瑞也。今麟出非其时，虚其应而失其归，此圣人所以为感也。绝笔于获麟之一句者，所感而起，固所以为终也。"◎**道穷若麟**：道穷说。《孔丛子·记问》："（孔子）遂泣曰：'予之于人，犹麟之于兽也。麟出而死，吾道穷矣。'"

率性·天何言哉

法地象　天　构三才
天工缘　何　人其代
四时不　言　万物默
天人一　哉　无内外

◎**天何言哉**：孔子对天地间孕育的哲学的感叹。《论语·阳货》："子曰：'予欲无言。'子贡曰：'子如不言，则小子何述焉？'子曰：'天何言哉？四时行焉，百物生焉，天何言哉？'"◎**法地象天**：中华文明哲学的重要特征，以象征天地、取法天地，作为建立制度的思想与原则。《白虎通义·礼乐》载"礼乐者，何谓也……乐以象天，礼以法地……乐象阳，礼法阴也"；《礼记·礼运》载"夫礼，必本于天，动而之地，列而之事，变而从时"；《道德经》载"人法地，地法天，天法道，道法自然"。◎**三才**：指天、地、人。董仲舒《春秋繁露·王道通三》："古之造文者，三画而连其中，谓之王。三画者，天、地与人也，而连其中者，通其道也。"◎**天工缘何人其代**：天的职责由人代以完成。《尚书·皋陶谟》："无旷庶官，天工人其代之。天叙有典，敕我五典五惇哉！天秩有礼，自我五礼有庸哉。"◎**四时**：《礼记·孔子闲居》："天有四时，春秋冬夏。"◎**天人一哉**：《春秋繁露·深察名号》："天人之际，合而为一。同而通理，动而相益，顺而相受，谓之德道。"

率性·丘请伐齐

耄耋孔　　丘　　切齿怵
斋戒三　　请　　鲁哀公
倾国欲　　伐　　田成子
因悲姜　　齐　　吕尚功

◎**丘请伐齐**：齐田恒弑杀齐简公，孔子向鲁哀公请求讨伐田氏，并认为集全国之兵，再配合齐国原有反田氏力量，足以克之。此举显示出孔子作为政治家的魄力。《左传·哀公十四年》："甲午，齐陈恒弑其君壬于舒州。孔丘三日齐，而请伐齐，三。公曰：'鲁为齐弱久矣，子之伐之，将若之何？'对曰：'陈恒弑其君，民之不与者半，以鲁之众，加齐之半，可克也。'公曰：'子告季孙。'"◎**田成子**：即田恒，或称田常。因其家族出自陈国，又称陈恒，弑杀齐简公，其四世孙取代姜齐为齐国国君，史称"田氏代齐"。◎**吕尚**：即姜子牙。曾辅佐周武王伐纣，因功封于齐地，建立齐国，是为姜齐。

天命·逝者如斯

<pre>
流光消　逝　日月梭
朝闻道　者　夕死可
申如夭　如　伟岸影
雄哲于　斯　叹沧波
</pre>

◎**逝者如斯**：出自《论语·阳货》："子在川上，曰：'逝者如斯夫！不舍昼夜。'"皇侃《论语义疏》疏为："孔子在川水之上，见川流迅迈，未尝停止，故叹人年往去亦复如此，向我非今我，故云逝者如斯夫者也。日月不居，有如流水，故云不舍昼夜也。"朱熹《论语集注》注为："天地之化，往者过，来者续，无一息之停，乃道体之本然也。然其可指而易见者，莫如川流。故于此发以示人，欲学者时时省察，而无毫发之间断也。"又引程子曰："此道体也。天运而不已，日往则月来，寒往则暑来，水流而不息，物生而不穷，皆与道为体，运乎昼夜，未尝已也。是以君子法之，自强不息。及其至也，纯亦不已焉。"◎**朝闻道**：《论语·里仁》："子曰：'朝闻道，夕死可矣。'"◎**申如夭如**：《论语·述而》："子之燕居，申申如也，夭夭如也。"

天命·泰山其颓

一生否　泰　哪堪追
登彼尼　山　望落辉
晚风凄　其　幼颜回
远村摧　颓　此心悲

◎**泰山其颓**：孔子临终前所语。《孔子家语·终记解》："孔子蚤晨作，负手曳杖，逍遥于门而歌曰：'泰山其颓乎！梁木其坏乎！哲人其萎乎！'既歌而入，当户而坐。"另《史记·孔子世家》载："孔子病，子贡请见。孔子方负杖逍遥于门，曰：'赐，汝来何其晚也？'孔子因叹，歌曰：'太山坏乎！梁柱摧乎！哲人萎乎！'因以涕下。"今取《孔子家语》之言。◎**尼山**：尼丘山。孔子的父母曾登尼丘山向神灵祈祷，后生下孔子。◎**幼颜回**：一为形容苍老的孔子又变回幼时的样貌，一为苍老的孔子回忆起幼时的颜回。

天命·梁木其坏

锦雉在　梁　何徘徊
螽斯草　木　弟子哀
智者怀　其　庸者毁
礼乐不　坏　六艺在

◎**梁木其坏**：孔子临终前所语。《孔子家语·终记解》："（孔子）逍遥于门而歌曰：'泰山其颓乎！梁木其坏乎！<u>哲人其萎乎</u>！'"梁木即梁柱，为梁父山，《史记·封禅书》："古者，封泰山、禅梁父，七十二家。"◎**锦雉在梁**：指孔子与子路游时，子路向山鸡拱手之事。《论语·乡党》："色斯举矣，翔而后集。曰：'山梁雌雉，时哉！时哉！'子路共之，三嗅而作。"引申为孔子返鲁不得其时。◎**螽斯**：喻孔子弟子众多。《诗经·周南·螽斯》："螽斯羽、诜诜兮。宜尔子孙、振振兮。"◎**庸者**：相当于《宪问》中的门人。《论语·宪问》："子路宿于石门。晨门曰：'奚自？'子路曰：'自孔氏。'曰：'是知其不可而为之者与？'"

天命·哲人不萎

大哉孔　哲　德配天
传道弘　人　车马翩
我辈应　不　负圣心
志松无　萎　告千寒

◎**哲人不萎**：孔子临终前所语，《孔子家语·终记解》："（孔子）逍遥于门而歌曰：'泰山其颓乎！梁木其坏乎！哲人其萎乎！'"然纵观孔子一生，是"只见其进，未见其止"，故曰"哲人不萎"。

◎**德配天**：思想与日月齐辉。◎**车马翩**：孔子周游列国。◎**志松无萎告千寒**：喻心志如松柏不畏严寒，以告夫子于 2500 年之上。《论语·子罕》："子曰：'岁寒，然后知松柏之后凋也。'"

◎**天命**：非"宿命"与"命中注定"之意，结合南宋陈淳《北溪字义》可解释为：从回顾一生的视角观看，一个人背负着天道（自然界、人类社会、历史、时代与文明的结合体）所赋予他的一切，洞察（他能做的）并完成（他去做的）他一生（经历、坎坷与追求）。

至圣·元亨利贞

立象乾	元	龙在田
君子谦	亨	涉大川
不习不	利	民德归
万国以	贞	天行健

◎**元亨利贞**：喻孔子一生。《周易·乾卦》："乾：元亨利贞。"《伊川易传》云："元亨利贞谓之四德。元者万物之始，亨者万物之长，利者万物之遂，贞者万物之成。"◎**龙在田**：并非为龙出现在田野里，而是指思想迸发在意识中。喻孔子去乘田吏升至鲁大司寇。《周易·乾卦》："九二：见龙在田，德施普也。"《礼记·礼运》："故圣人作则，必以天地为本，以阴阳为端，以四时为柄……礼义以为器，人情以为田，四灵以为畜。"◎**涉大川**：喻孔子周游列国。《周易·谦卦》："初六：谦谦君子，用涉大川，吉。"◎**不习不利民德归**：指孔子"道之以德，齐之以礼"的政治理念。《周易·坤卦》："六二：直，方，大，不习无不利。"◎**万国以贞天行健**：指孔子寄希望于实施礼乐教化而使鲁国强大，成为诸侯敬仰的礼义之邦。《礼记·文王世子》："一有元良，万国以贞。"《周易·乾卦·象传》："天行健，君子以自强不息。"

至圣·为政以德

北辰是　为　天地中
三代教　政　道其宗
此生何　以　答天命
昂首仁　德　满星空

◎**为政以德**：儒家的政治理念，即以德为政。其表现为"道之以德，齐之以礼"，即以"德"（思想性，教化社会人的存在意识）为政治原则，以"礼"（社会生存状态的先进性与政治制度的高度文明性）为制度体现。与其对比的是"道之以政，齐之以刑"，以"政"（行政命令）为政治原则，以"刑"（严苛与烦琐的刑责教条）为制度体现。出自《论语·为政》："子曰：'为政以德，譬如北辰，居其所而众星共之。'"皇侃《论语义疏》引郭象注为："人君若无为而御民以德，则民共尊奉之，而不违背，犹如众星之共尊北辰也，故郭象云：'得其性则归之，失其性则违之。'"朱熹《论语集注》引程子注为："为政以德，则无为而天下归之，其象如此。程子曰：'为政以德，然后无为。'"郭象为玄学大家，程颐为理学泰斗，而二者都将"为政以德"解读为"无为而治"，可见"无为"的真正实质。◎**三代**：夏、商、周的合称。《论语·卫灵公》："斯民也，三代之所以直道而行也。"

至圣·轴心时代

历史卷　轴　若天枢
悠悠我　心　入画图
天地四　时　德不孤
中州万　代　慕一儒

◎**轴心时代**：德国哲学家卡尔·雅斯贝尔斯提出的历史学概念。其在《历史的起源与目标》一书中，把公元前 500 年前后出现在中国、古希腊、以色列、印度等地的人类文化突破现象称为"轴心时代"。孔子正是中华文明"轴心突破"的代表。其表现为：（一）孔子整理的"六艺"，是中国哲学体系的确立，即《易》所体现的现象学与抽象符号学的对接，《书》所体现的史学与政治学互释，《诗》所体现的政治叙事与美学的交融，《礼》所体现的社会学与伦理学的美学表征，《春秋》所体现的史学与哲学的沟通，《乐》所体现的政治文化与大众文化的美学互动。此后中华文明告别前代散点式的文化发展，以"六艺"作为思想"主轴"贯穿 2500 年。汉代"五行象数学"、魏晋南北朝"玄学"、宋明"理学"都与"六艺"对接、互证才具备政治学与哲学价值。（二）孔子创造了诸如"仁义""礼乐""道德""心性""孝"等大量哲学词语，确立了中国人思考世界的命题与方式。（三）孔子周游列国，打破商周以来一贯的"一地一学"的地域性教学传统。周游相当于文化传播，促进了中原地区不同学派的交流，为战国"百家争鸣"树立了"范本"。（四）孔子"有教无类"，使教育突破贵族化的限制，普及了思想与文化，直接促成战国诸子学的迸发，极大丰富了中华文明的思想创造力。

至圣·鲁北泗上

隆冬齐　鲁　银装辉
仲夏济　北　万芳飞
千载洙　泗　清波在
泰山顶　上　皓月垂

◎**鲁北泗上：**孔子的葬地。《史记·孔子世家》："孔子葬鲁城北泗上，弟子皆服三年……唯子贡庐于冢上，凡六年，然后去。弟子及鲁人往从冢而家者百有馀室，因命曰孔里。鲁世世相传以岁时奉祠孔子冢，而诸儒亦讲礼乡饮大射于孔子冢……后世因庙，藏孔子衣冠琴车书，至于汉二百馀年不绝。"孔子去世后，历代帝王或出于对"礼乐"制度的崇敬，或出于对"真龙天子"的自谕，或出于现实政治的需要，不断对孔子追封追谥。鲁哀公追封"尼父"；汉平帝追封"褒成宣尼公"；北魏孝文帝追封"文圣尼父"；隋文帝追封"先师尼父"；唐太宗追封"宣父"；唐玄宗追封"文宣王"；宋真宗追封"至圣文宣王"；元成宗追封"大成至圣文宣王"；明世宗追封"至圣先师"；清世祖沿用明代谥号。

十哲·颜渊

悦色和　颜　美儿男
德在昭　回　陋巷间
谦谦君　子　无贰过
潜龙在　渊　子称贤

◎**颜渊**：颜回，字子渊，孔门"四科十哲"之首，以"德行"（思想力）见长。◎**悦色和颜**：恭敬，富于仪式感。《论语·为政》："子夏问孝，子曰：'色难。'"◎**昭回**：星辰光耀回转。《诗经·大雅·云汉》："倬彼云汉，昭回于天。"◎**陋巷**：《论语·雍也》："子曰：'一箪食，一瓢饮，在陋巷。人不堪其忧，回也不改其乐。'"◎**无贰过**：《论语·雍也》："哀公问：'弟子孰为好学？'孔子对曰：'有颜回者好学，不迁怒，不贰过。不幸短命死矣！今也则亡，未闻好学者也。'"◎**潜龙在渊**：孔子赞颜渊之"龙德"，《周易·乾卦》"初九：潜龙勿用"与"九四：或跃在渊"，即《论语·述而》所载"子谓颜渊曰：'用之则行，舍之则藏，唯我与尔有是夫！'"◎**子称贤**：孔子赞誉颜渊。《论语·雍也》："子曰：'贤哉回也！'"

十哲·闵子骞

天悲地　　闵　　一芦花
默通益　　损　　言必达
訚訚君　　子　　辞费宰
志鸿高　　骞　　劝以德

◎**闵子骞**：闵损，字子骞，孔门"四科十哲"之一，以"德行"（孝，原则性）见长。◎**一芦花**：指《二十四孝》中"芦衣顺母"的故事。闵损年幼时遭后母虐待，后母给其制作的冬衣里只以芦花填塞，而善待自己的亲生子，后被闵父发现欲休其妻，闵损阻拦说"母在一子寒，母去三子单"，其后母闻之，悔而改过。孔子赞其孝。《论语·先进》："子曰：'孝哉闵子骞！人不间于其父母昆弟之言。'"◎**言必达**：孔子称赞闵损看问题切中要害。《论语·先进》："鲁人为长府。闵子骞曰：'仍旧贯，如之何？何必改作？'子曰：'夫人不言，言必有中。'"◎**訚訚**：《论语·先进》："闵子侍侧，訚訚如也。"◎**辞费宰**：闵损坚辞担任鲁国费宰。《论语·雍也》："季氏使闵子骞为费宰。闵子骞曰：'善为我辞焉。如有复我者，则吾必在汶上矣。'"◎**劝以德**：《孔子家语·执辔》："闵子骞为费宰，问政于孔子。子曰：'以德以法。夫德法者，御民之具，犹御马之有衔勒也。君者、人也；吏者、辔也……能德法者为有德，能行德法者为有行，能成德法者为有功，能治德法者为有智。'"

十哲·冉伯牛

子手冉　冉　探空窗
鸟耘象　耕　何斯伤
春秋五　伯　皆有命
而独一　牛　永苍凉

◎**冉伯牛**：冉耕，字伯牛，孔门"四科十哲"之一，以"德行"（爱人如己）见长。《续文献通考》载"孔子为司空，以冉耕为中都宰"，冉耕可能是被记录的中国历史上第一个染病后自我隔离的人。◎**探空窗**：《史记·仲尼弟子列传》："伯牛有恶疾，孔子往问之，自牖执其手，曰：'命也夫！斯人也而有斯疾，命也夫！'"◎**鸟耘象耕**：比喻圣德感动天地。《昭明文选·左思〈吴都赋〉》载"象耕鸟耘"，引《越绝书》注："舜葬苍梧，象为之耕；禹葬会稽，鸟为之耘。"◎**春秋五伯**：即春秋五霸。《史记·十二诸侯年表》："然挟王室之义，以讨伐为会盟主，政由五伯。"司马贞《史记索隐》注："伯音霸，五霸者，齐桓公，晋文公，秦穆公，宋襄公，楚庄王也。"

十哲·仲弓

仁风掩　冉　问举贤
骍犊肃　雍　动山川
伊尹管　仲　思敬简
中道引　弓　可面南

◎**仲弓：** 冉雍，字仲弓，孔门"四科十哲"之一，以"德行"（决策力）见长，曾为季氏宰。
◎**仁风：**《论语·公冶长》："或曰：'雍也，仁而不佞。'" ◎**问举贤：** 仲弓向孔子询问举贤之事。
《论语·子路》："仲弓为季氏宰，问政。子曰：'先有司，赦小过，举贤才。'曰：'焉知贤才而举
之？'曰：'举尔所知。尔所不知，人其舍诸？'" ◎**骍犊：** 赤色小牛，用于祭祀。《论语·雍也》：
"子谓仲弓曰：'犁牛之子骍且角，虽欲勿用，山川其舍诸？'" ◎**伊尹：** 夏末商初政治家，辅佐
商汤灭夏。◎**管仲：** 春秋时期齐国政治家，辅佐齐桓公成为春秋五霸之首。◎**敬简：** 即"居敬
而行简"，意为（执政应）计划稠密，行事简要。《论语·雍也》："仲弓曰：'居敬而行简，以临
其民，不亦可乎？居简而行简，无乃大简乎？'子曰：'雍之言然。'" ◎**可面南：** 孔子对仲弓的
赞誉。《论语·雍也》："子曰：'雍也可使南面。'"皇侃《论语义疏》注为："南面谓为诸侯也，
孔子言冉雍之德可使为诸侯也。"

十哲·宰我

辞凌太　宰　昼寝拙

辩仁惟　予　引师说

佼佼君　子　怀礼乐

毋固毋　我　问五德

◎**宰我**：宰予，字子我，孔门"四科十哲"之一，以"言语"（思辨力）见长，曾为齐国临淄大夫。◎**辞凌太宰昼寝拙**：宰我的辩论能力无人能及，但不拘小节。《论语·公冶长》："宰予昼寝。子曰：'朽木不可雕也。'"◎**引师说**：宰我问"仁"于孔子。《论语·雍也》："宰我问曰：'仁者，虽告之曰："井有仁焉。"其从之也？'子曰：'何为其然也？君子可逝也，不可陷也；可欺也，不可罔也。'"◎**怀礼乐**：宰我就"礼乐"与"三年丧"的关系与孔子辩论，引发孔子不满。《论语·阳货》："宰我问：'三年之丧，期已久矣。君子三年不为礼，礼必坏；三年不为乐，乐必崩。'"◎**毋固毋我**：《论语·子罕》："子绝四，毋意，毋必，毋固，毋我。"孔子亦以"绝四"精神改变了对宰我的看法。《论语·公冶长》："子曰：'始吾于人也，听其言而信其行；今吾于人也，听其言而观其行。于予与改是。'"◎**问五德**：宰我向孔子请教五帝之德，《大戴礼记·五帝德》详细记载了此事。

十哲·子贡

田常战　端　谁使吴
万仞楷　木　立曲阜
货殖广　赐　出曹鲁
侃侃君　子　亦有恶
千古传　贡　一琏瑚

◎**子贡**：端木赐，字子贡，孔门"四科十哲"之一，以"言语"（游说，外交能力）见长，曾为鲁国、卫国之相，后卒于齐。◎**田常**：田恒，又称田成子，公元前 481 年发动政变，杀死齐简公，引发孔子斋戒"请伐齐"之事，后《史记·仲尼弟子列传》记载，田常为转移国内矛盾，竟"移其兵欲以伐鲁"，孔子在拒绝子路、子张等出使后，决定让子贡出使齐国。子贡用"驱虎吞狼"之计，一面游说田常"保鲁讨吴"，一面出使吴国成功挑起夫差对中原的野心，又去越国激励勾践向夫差复仇，赫然战国纵横家风范！后夫差果然伐齐，大败田常，然而吴国的壮大惹来晋国的担忧，在吴晋争霸中吴国落败，致使越国趁虚而入灭掉吴国。◎**万仞楷木**：子贡曾用"万仞宫墙"形容孔子学识渊博高深，后子贡为孔子守丧六年，并在曲阜种植楷木，用于雕刻孔子像。◎**货殖广赐**：子贡善理财。《论语·先进》："子曰：'赐不受命，而货殖焉，亿则屡中。'"◎**出曹鲁**：《太平御览·富上》引《史记》："子贡既学于仲尼，退而仕于卫，废著鬻财曹、鲁之间。"◎**侃侃君子**：《论语·先进》："冉有、子贡，侃侃如也。"◎**亦有恶**：即"唯仁者能好人，能恶人"，《论语·阳货》中子贡向孔子请教"君子亦有恶乎"。◎**琏瑚**：宗庙礼器。《论语·公冶长》中孔子称子贡为"瑚琏之器"。

十哲·冉有

干戈晻　冉　卫社稷
仁政何　求　聚敛益
侃侃君　子　道事君
国强民　有　思礼义

◎**冉有**：冉求，字子有，孔门"四科十哲"之一，以"政事"（行政能力）见长，曾为季氏宰。
◎**干戈晻冉卫社稷**：冉有为季氏宰，曾率军抵御齐国的入侵。《史记·孔子世家》载"冉有为季氏将师，与齐战于郎，克之"，引发"季康子问孔"之事，以"三公"（公华、公宾、公林）持"币"（束帛）迎孔子，孔子遂"去卫返鲁"。◎**仁政**：《孟子·梁惠王上》："王如施仁政于民，省刑罚，薄税敛，深耕易耨。壮者以暇日修其孝悌忠信。"◎**聚敛益**：孔子批评冉有帮季氏敛财。《论语·先进》："季氏富于周公，而求也为之聚敛而附益之。子曰：'非吾徒也。小子鸣鼓而攻之，可也。'"◎**侃侃君子**：《论语·公冶长》："冉有、子贡，侃侃如也。"◎**道事君**：以道事君。《论语·先进》："季子然问：'仲由、冉求可谓大臣与？'子曰：'吾以子为异之问，曾由与求之问。所谓大臣者：以道事君，不可则止。今由与求也，可谓具臣矣。'"◎**思礼义**：孔子倡导先富后教。《论语·子路》："子适卫，冉有仆。子曰：'庶矣哉！'冉有曰：'既庶矣。又何加焉？'曰：'富之。'曰：'既富矣，又何加焉？'曰：'教之。'"

十哲·子路

士谓伯　仲　切偲怡
道之不　由　桴海漪
行行君　子　闻过喜
志通天　路　勇弘毅

◎**子路**：仲由，字子路，孔门"四科十哲"之一，以"政事"（勇，执行力）见长，曾为季氏宰、卫国蒲邑宰。◎**切偲怡**：《论语·子路》："子路问曰：'何如斯可谓之士矣？'子曰：'切切、偲偲、怡怡如也，可谓士矣。朋友切切偲偲，兄弟怡怡。'"◎**道之不由**：《论语·雍也》："子曰：'谁能出不由户？何莫由斯道也？'"◎**桴海漪**：《论语·公冶长》："子曰：'道不行，乘桴浮于海。从我者其由与？'"◎**行行君子**：《论语·先进》："子路，行行如也。"◎**闻过喜**：子路闻过则喜。《孟子·公孙丑上》："孟子曰：'子路，人告之以有过则喜。'"◎**志通天路**：子路仕卫，逢卫国上演父子相残的政权事变，子路在战斗中负伤，为保持"君子死而冠不免"的志士风骨，"遂结缨而死"。◎**勇弘毅**：《论语·泰伯》："曾子曰：'士不可以不弘毅，任重而道远。仁以为己任，不亦重乎？死而后已，不亦远乎？'"

89

十哲·子游

蜡祭出　言　道康同
风行草　偃　德弦洪
仪仪君　子　哀而止
述礼南　游　赴江东

◎**子游**：言偃，字子游，孔门"四科十哲"之一，以"文学"（礼乐，文教能力）见长，曾为鲁国武城宰。◎**蜡祭出言道康同**：腊月祭祀后孔子"叹鲁"，子游问其然，引发孔子对"大同"与"小康"的论述。《礼记·礼运》载"大道之行也，天下为公。选贤与能，讲信修睦，故人不独亲其亲，不独子其子……是谓大同"，"大道既隐，天下为家，各亲其亲，各子其子……是谓小康"，可见"大同"为"禅而不传"，"小康"为"传而不禅"。◎**风行草偃**：以"礼乐"教化社会。《论语·颜渊》："君子之德风，小人之德草。草上之风，必偃。"◎**德弦洪**：即子游"武城弦歌"之事，《论语·阳货》："子之武城，闻弦歌之声。夫子莞尔而笑。"◎**哀而止**：《论语·子张》："子游曰：'丧致乎哀而止。'"◎**赴江东**：子游"传道江南"的形象是后世逐渐形成的，《史记》中只提到子游为"吴国人"（后世又考证实为鲁人），后唐玄宗封子游为"吴公"。自此历朝历代都加强了子游"南方人"形象，尤其是清朝康熙、雍正、乾隆三代帝王根据江南政策的需要，均给言子墓题有匾额，坐实了子游"文开吴会""江南夫子""道启东南"的历史地位。而真正有记录的"传道江南"者，为子游荐入孔门的澹台灭明。

十哲·子夏

易通筮　卜　博学志
诗校宫　商　切问思
俨俨君　子　入西河
道传诸　夏　优则仕

◎**子夏**：卜商，字子夏，孔门"四科十哲"之一，以"文学"（经学，学术能力）见长，曾为鲁国莒父宰。◎**易、诗**：子夏在"十哲"中年龄最小，但实为经学集大成者。在《诗经》《周易》《春秋》的流传中均能看到子夏的功劳。◎**博学志、切问思**：《论语·子张》："子夏曰：'博学而笃志，切问而近思，仁在其中矣。'"◎**俨俨**：沉稳庄重。《论语·子张》："子夏曰：'君子有三变：望之俨然，即之也温，听其言也厉。'"◎**入西河**：孔子逝后，子夏"去鲁就魏"，在魏国西河地区讲学传道，开创"西河学派"，弟子有李悝（商鞅精神导师）、吴起、公羊高等著名人物，亦是魏文侯的"国师"，他向魏文侯传授"礼乐"的真谛，促使魏国成为战国中原第一霸者。◎**优则仕**：子夏的政治学主张。《论语·子张》："子夏曰：'仕而优则学，学而优则仕。'"正是子夏的"学优则仕"的思想，开启了战国"百家争鸣"的大幕。

曾 子

悟道不　曾　解孝经
俗顺怎　参　天地情
一贯天　子　至庶人
各司权　與　德是敬

◎**曾子**：名参，字子舆，孔子弟子，子思的老师，被尊为"宗圣"。曾子代表性著作为《孝经》，在史书中一向与"六艺"并列为"经学"，排于《论语》之上。相传《今文孝经》由西汉河间王所献，后经刘向将其分为 18 章，由郑玄作注；而《古文孝经》为"鲁壁藏书"，于汉武帝时被发现，孔安国对其注疏，传为 22 章，后竟失传。至隋代刘炫自称获《古文孝经》22 章，但至唐代遭司马贞质疑并上疏，后唐玄宗李隆基亲自作《御注孝经》，定为 18 章，传为今本。◎**孝经**：相传为孔子向曾子面授有"至德要道"之称的"孝"道。此"孝"并非"孝顺"之意，而是将"孝"作为一种宏观概念，从"孝"的内涵出发探讨"孝"的广阔外延，即：（一）贯穿天子、诸侯、卿大夫、士、庶人的社会各阶层各司其职的"传承之道"。（二）作为"天之经，地之义，人之行"以贯"三才"能令人体验思想存在的"明德见性之道"。（三）作为"居敬"的"新民之道"。（四）作为"配天"的"至善之道"。（五）作为认知"逆乱"的"怀刑之道"。（六）作为"广德、广道、立名"的"修身、齐家、治国"之道。（七）作为"事父诤君"的"臣子之道"。（八）作为"感应"的"天人之道"。（九）作为"生事爱敬，死事哀戚"的社会"至礼之道"。可见此"孝"是以社会学为表征的抽象化"一统性"哲学。

子 思

尧舜周　孔　道统传
鲤生孔　伋　续先贤
诚则君　子　明则天
唯圣能　思　中和篇

◎**子思**：孔伋，字子思，孔子之孙，师从曾子，有"述圣"之称。1993年在湖北出土的"郭店楚简"，其内容被认为是子思的著作，其中讨论"仁义礼智圣"的《五行》(内容与1973年马王堆《五行》同)，与《性自命出》《语从》《尊德义》《唐虞之道》等篇目，很可能是《中庸》的"前身"。而在《中庸》中，子思用"喜怒哀乐之未发，谓之中；发而皆中节，谓之和"揭示了"性"(意识)与"道"(思想)完成的过程，使对思想的把握迈上新的高度。◎**道统**：由唐代韩愈提出的概念，解释作为华夏文明核心价值的哲学与政治学传承路线。《原道》："曰：'斯道也，何道也？'曰：'斯吾所谓道也……尧以是传之舜，舜以是传之禹，禹以是传之汤，汤以是传之文、武、周公，文、武、周公传之孔子，孔子传之孟轲。'"而孔子传孟轲的传承过程为：孔子传曾子，曾子传子思，子思传孟子。◎**鲤**：孔鲤，字伯鱼，孔子之子，五十岁时先孔子而死。◎**诚则君子明则天**：《中庸》："自诚明，谓之性；自明诚，谓之教。诚则明矣，明则诚矣。"◎**中和**：即《中庸》"中和"概念，其中"喜怒哀乐之未发，谓之中"——"未发之中"，即意识的存有；"发而皆中节，谓之和"——"已发之和"，即思想的迸发；成为后世宋明理学与陆王心学重要命题之一。

孟 子

昔圣孔　孟　救东周
为义辙　轲　为仁筹
浩然君　子　撼诸侯
千秋金　舆　垂宇宙

◎**孟子**：名轲，字子舆，战国儒家代表人物。司马迁在《史记》中认为孟子"受业子思之门人"，即再传弟子；而《孔丛子》中则讲述了"孟子车尚幼，请见子思"，而子思"悦其志"，给以命儿子孔白"侍坐"的高规格礼遇，这是为说明孟子从小就是子思的学生。不管师承如何，孟子的学说都与子思一起被通称为"思孟学派"。与子思不同的是，孟子不仕一国之政，而践行孔子的志向，周游列国，以身循道，谋"天下之政"。中原第一霸者梁惠王年长孟子约30岁，仍尊称孟子为"叟"；贵为万乘之君的齐宣王曾请教孟子治国之策。宋国曾馈孟子金70镒，连薛国这样的小国也曾馈金50镒于孟子，然孟子亦有百镒不受之时，如同孔子适卫国，卫灵公以六万粟奉之，孔子亦决然周游。孟子一生遵循着"上不臣天子，下不事诸侯"的儒家风骨，遵循着"民为贵，君为轻"的儒家信条，遵循着"得志与民由之，不得志独行其道"的儒家人格。就像颜渊在孔子"厄于陈蔡"时说出"道既已大修而不用，是有国者之丑"的豪言一般，孟子在艰难时刻也毫不妥协地说出"中道而立，能者从之"的壮语。孟子璀璨的人格魅力与辉煌的哲学思想，如浩然之气回荡于天地之间，旷古烁今。这使得孟子成为仅次于孔子的一代儒宗，被尊为"亚圣"。

四端·仁之端

仲尼间　恻　明人伦
父为子　隐　责自身
孟轲续　之　孺子井
涂路吾　心　已动仁

◎**四端：**孟子提出的重要儒学概念。出自《孟子·公孙丑上》："恻隐之心，仁之端也；羞恶之心，义之端也；辞让之心，礼之端也；是非之心，智之端也。人之有是四端也，犹其有四体也。"通过揭示人"心"（意识）中包含的四种社会化心理表征，即"恻隐"（爱与同情）、"羞恶"（羞愧与厌恶）、"辞让"（大度与礼仪感）、"是非"（智慧与正义感）与儒学概念"仁"（人的社会化思想）、"义"（人的社会化行为）、"礼"（社会制度）、"智"（社会性思考）的相关联性，阐发人的社会化存在与社会化思想的"共存性"，即"天生烝民，有物有则"，进而解释儒学（社会化思想）的"四德"如同"人之有四端，犹其有四体"是"人皆有之""我固有之"，是可以被诠释、被理解的。◎**孺子井：**即"孺子将入于井"。出自《孟子·公孙丑上》："今人乍见孺子将入于井，皆有怵惕恻隐之心。"其不仅意味着爱与同情，还具有更深层内涵。（一）"孺子"代表时间概念，"井"代表空间概念。二者象征人的时空概念。（二）孺子即幼童，非成人，代表他缺少充分认知世界的行为能力，如是成人或许有目的地投井。（三）"井"属于人造物，"孺子"可能不理解"井"的用途才会"入井"。（四）人类具有教导下一代判断危险，与驾驭人造物的社会化义务属性，此即"性善"。

四端·义之端

不恒承　　羞　　难为士
扬善抑　　恶　　君子志
天地盈　　之　　浩然气
充塞我　　心　　弘大义

◎**羞恶之心**：孟子在论述"四端"概念时，与"义"对应的人的心理表现。《孟子·公孙丑上》："羞恶之心，义之端也。"内涵详见《四端·仁之端》。◎**不恒**：即"无恒产者无恒心"。出自《孟子·梁惠王上》："无恒产而有恒心者，惟士为能。若民，则无恒产，因无恒心。"这是孟子传授给齐宣王的安邦之道，概括了国家、人民、财富、社会认同感的关系，即只有当"明君制民之产"（国家要确保人民的财富，满足人民生老病死的需要），才能"然后驱而之善，故民之从之也轻"（人民产生对国家社会的认同感）。如《尚书·洪范》"皇极"所言"敛时五福，用敷锡厥庶民，惟时厥庶民于汝极"，这是明确了国家的义务。◎**浩然气**：出自《孟子·公孙丑上》："我善养吾浩然之气。""气"是《孟子》的重要哲学概念之一，虽有"志壹则动气，气壹则动志也"之论，但不能将其简单释为"志气"。因为"夫志，气之帅也；气，体之充也"，又有"其为气也，配义与道"，所以"志"应是"思想力"，"气"应是"行动力"之义，这才符合"持其志，无暴其气"之说。北宋张载发展了《孟子》"气"之说，发明"气化流行"的概念，其《正蒙·太和》云："由太虚，有天之名；由气化，有道之名。"明代阳明心学的"知行合一"也可视为对《孟子》"志""气"说的一种发挥。

四端·礼之端

虞舜初　辞　帝尧禅
泰伯三　让　王季咸
孔子得　之　恭俭让
道传余　心　慕千年

◎**辞让之心**：孟子在论述"四端"概念时，与"礼"对应的人的心理表现。《孟子·公孙丑上》："辞让之心，礼之端也。"◎**虞舜初辞**：尧欲传位于舜，舜以德行不足而推辞。《尚书·舜典》："舜让于德，弗嗣。"◎**泰伯三让**：泰伯三让王位给弟弟季历（周文王的父亲）的典故，孔子在《论语》中赞其："泰伯，其可谓至德也已矣！三以天下让，民无得而称焉。"◎**恭俭让**：《论语·学而》："子贡曰：'夫子温、良、恭、俭、让以得之。'"◎**慕千年**：即《孟子·尽心下》终章所载："孟子曰：'由尧舜至于汤，五百有馀岁……由汤至于文王，五百有馀岁……由文王至于孔子，五百有馀岁……由孔子而来至于今，百有馀岁……然而无有乎尔，则亦无有乎尔。'"其中"无有乎尔"历来是注释的难题。孙奭《孟子正义》释为："是以仲尼止于获麟，孟子终于无有乎尔……盖亦悯圣道不明于世……亦有遇不遇……盖亦深叹而不怨之云。"朱熹《孟子集注》释为："虽若不敢自谓已得其传，而忧后世遂失其传，然乃所以自见其有不得辞者，而又以见夫天理民彝不可泯灭……所以明其传之有在，而又以俟后圣于无穷。"今解释为，（孟子说）虽说尧舜后五百年有商汤，商汤五百年后有文王，文王五百年后有孔子，似乎道的传承是必然的，但须牢记事在人为，如果不继承不发扬而是等待，道是不会自己传下去的，下一个圣人是不会自动出现的。

四端·智之端

以已乱　是　杨朱毛
以众饰　非　墨翟刀
一以贯　之　唯良知
真智予　心　悟正道

◎**是非之心**：孟子在论述"四端"概念时，与"智"对应的人的心理表现。《孟子·公孙丑上》："是非之心，智之端也。"◎**杨朱毛**：《孟子·尽心上》："孟子曰：'杨子取为我，拔一毛而利天下，不为也。'"这里"天下"并非指一国，而是指华夏文明体，是现今的"社会"概念。◎**墨翟刀**：《墨子·亲士》："今有五锥，此其铦，铦者必先挫。有五刀，此其错，错者必先靡。"有五把刀，最锋利的先折断。这是墨子的趋同性论述，但其说违背市场概念。如果市场里真只有五把刀，最锋利的一定最名贵，是不会先被损耗的，即"物之不齐，物之情也"。◎**良知**：《孟子·尽心上》："人之所不学而能者，其良能也；所不虑而知者，其良知也。"此即指以"恻隐之心""羞恶之心""辞让之心""是非之心"为"开端"的"仁、义、礼、智"。孟子所云"求放心""养心""尽心"皆是如此。◎**悟正道**：杨朱代表的拒绝社会化的绝对个人主义，墨翟代表的过度社会化的绝对平均主义，告子代表的"物化人性"与"异化人格"论，皆为"异端"，是孔子说的"攻乎异端，斯害也已"。而孔孟为代表的儒学，即植根人类社会，务求社会、国家、个人在"礼乐"（制度与文化）中良性互动的发展方式，是人类文明的发展方向，是为正道。

荀 子

儒分孟　荀　道术殊
一王天　子　一霸侯
入秦力　劝　昭襄恻
兰陵著　学　志未酬

◎**荀况**：又名荀卿，战国末期赵国人，儒学家、政治家。◎**荀子劝学**：《荀子》，荀况撰。后由西汉刘向整理，又经唐代杨倞编纂并注释，成为今本。《荀子》的"性恶论"常与《孟子》的"性善论"并列，二者关系如下：（一）二者的"善恶"定义，皆非"人性"的"善良"与"邪恶"，而是指人的意识与思想的"好"与"差"。即《孟子》云"人人可为尧舜"，人的意识与思想可以让人找到"他想抵达的归宿"。而《荀子》认为，一般人"虽不能为禹，无害可以为禹"，他们需要被圣人"伪作之礼"（后天的制度）管理，否则人将按"利己主义"原则行事。（二）二者出发点不同，《孟子》是要说服诸侯以"王道"作为治国的理念，"王道"既是过程又是目的；《荀子》则寄希望于诸侯以"儒术"作为强国手段，做到"上可以王，下可以霸"。（三）《孟子》的"道"包含对皇权的制约，《荀子》的"术"则充当帝王权术。（四）"性善"与"性恶"作为《孟子》与《荀子》的理论基础存在：正因为"性善"，王才能与尧舜同而行王道；正因为"性恶"，才需要"儒术"更好地治理民众。◎**一王天子一霸侯**：《孟子》为天子"王道"之学，《荀子》为诸侯"霸道"之学。◎**入秦**：据《荀子·儒效》记载，荀子入秦国，说服秦昭襄王行"儒术"。◎**兰陵著学**：荀子入楚，任楚国兰陵令，于兰陵著书立说。

三孔·子高

布衣高　儒　志四方
六艺兼　之　动静常
谏诤只　为　拨世乱
去刑正　名　辞理彰

◎**子高：**孔穿，字子高，孔子六世孙，深受平原君器重，曾与其对饮。◎**儒之为名：**子高为平原君讲解何以为儒。《孔丛子·儒服》："子高曳长裾，振褒袖，方屦粗翟，见平原君。平原君曰：'吾子亦儒服乎？'子高曰：'此布衣之服，非儒服也。儒服非一也……夫儒者居位行道，则有衮冕之服；统御师旅，则有介胄之服；从容徒步，则有若穿之服。故曰非一也。'平原君曰：'儒之为名何取尔？'子高曰：'取包众美，兼六艺，动静不失中道耳。'"其大意为，倡导社会之理想，教授"六经"之精神，达则兼济天下，穷则独善其身。◎**拨世乱：**指子高践行孔子之道，周流于山东诸国，曾适魏，信陵君向子高询问"祈胜之礼"。◎**去刑正名：**子高曾与公孙龙辩论白马非马之说，后被平原君判为"（子高）理胜于辞，（龙）辞胜于理。辞胜于理，终必受诎"。公孙龙为名家，属刑名学范畴。

三孔·子顺

山东已　无　合纵心
英儒谁　欲　说抗秦
大计陈　之　王不用
天丧高　士　在暮云

◎**子顺**：孔谦，字子顺，孔穿之子，孔子七世孙，曾为魏相。◎**无欲之士**：子顺否定了魏王欲招"无欲之士"的打算。《孔丛子·陈士义》："王曰：'吾欲得无欲之士为臣，何如？'子顺曰：'人之可使，以有欲也。故欲多者其所得用亦多，欲少者其所得用亦少矣。夷、齐无欲，虽文、武不能制，君安得而臣之？'"此处"欲"即是《礼记·乐记》中"人生而静，天之性也；感于物而动，性之欲也"之意。◎**合纵心、说抗秦**：即《孔丛子·论势》所载，子顺游走诸国"合从"诸侯之事。◎**大计陈之**：《孔丛子·论势》："子顺相魏凡九月，陈大计，辄不用……遂寝于家。"

三孔·子鱼

独善身　先　拒秦禄
执手陈　王　劝儒术
孔丛辑　之　诘墨疑
鲁壁藏　书　待汉出

◎**子鱼**：孔鲋，字子鱼，子顺之子，孔子八世孙，战国秦末之际儒生。秦并六国后，子鱼不仕，其弟子为叔孙通。◎**先王之书**：子鱼言读"先王之书"的意义。《孔丛子·独治》："尹曾谓子鱼曰：'子之诵读先王之书，将奚以为？'答曰：'为治也。世治则助之行道，世乱则独治其身，治之至也。'"◎**执手陈王**：子鱼曾任陈胜博士。《孔丛子·独治》："子鱼遂往。陈王（陈胜）郊迎而执其手，议世务。子鱼以霸王之业劝之。王悦其言，遂尊以博士，为太师，谘度焉。"◎**孔丛辑之**：《隋书·经籍志》："《孔丛》七卷。陈胜博士孔鲋撰。"◎**诘墨疑**：《孔丛子》有《诘墨》篇，是以辩论的口吻批驳墨家对儒家"妄论"的文章。◎**鲁壁藏书**：秦初并六国，子鱼以"防患于未然"的心态，将"先王之书"即《尚书》《论语》《孝经》等藏入孔宅的墙壁中，使这批古籍躲过秦焚书之祸，在汉武帝时被发现，世称"鲁壁藏书"。

第二辑　汉唐儒风

始皇·观礼于鲁

始皇曾　观　三百篇
三千曲　礼　八佾翩
刻石祠　于　泰山上
若尊邹　鲁　国何亡

◎**观礼于鲁：**出自《水经注·泗水》："秦始皇观礼于鲁，登于峄山之上，命丞相李斯以大篆勒铭山岭，名曰昼门，《诗》所谓保有凫峄者也。"结合《史记·秦始皇本纪》所载"二十八年，始皇东行郡县，上邹峄山，立石。与鲁诸儒生议刻石颂秦德，议封禅望祭山川之事。乃遂上泰山，立石，封，祠，祀"而推测秦始皇嬴政至鲁，必定会观看八佾舞与浏览《诗三百》。刻石与观礼，表现了嬴政初并天下后，与"山东"旧地的政治"蜜月期"。

始皇·咸阳宫谏

威德克　咸　郡县初
置酒咸　阳　贺寿福
儒法极　宫　论皇建
师古明　谏　换焚书

◎**咸阳宫谏**：引发秦国"燔诗书"的政治事件。《论衡·语增》："秦始皇帝三十四年，置酒咸阳台，儒士七十人前为寿……齐淳于越进谏始皇不封子弟功臣，自为狭辅……李斯非淳于越曰：'诸生不师今而学古，以非当世，惑乱黔首。臣请敕史官，非秦记皆烧之；非博士官所职，天下有敢藏《诗》《书》百家语诸刑书者；悉诣守、尉集烧之；有敢偶语《诗》《书》弃市；以古非今者族灭；吏见知弗举与同罪。'始皇许之。"结合《史记·秦本纪》"女华生大费，与禹平水土"，与《史记·秦始皇本纪》"三十七年……上会稽，祭大禹，望于南海，而立石刻颂秦德"，可知秦的祖先曾与大禹共同治水，后秦始皇又去祭大禹（此即是稽古），那么秦国绝不会完全灭绝"诗书"，嬴政旨在禁除以前六国对"诗书"的解释，只许流通"秦记"与"秦博士所职"。淳于越，齐人，时为秦博士，是敢于在嬴政面前提意见的儒家。◎**威德**：刑罚与恩惠，威望与功德。《管子·兵法》："定宗庙，遂男女，官四分，则可以定威德，制法仪，出号令。"◎**寿福**：《史记·秦始皇本纪》："始皇置酒咸阳宫，博士七十人前为寿。"◎**皇建**：《尚书·洪范》："皇建其有极。"

始皇·始皇默然

一焚四　始　禁前书
阿房皇　皇　蜀山秃
暴嬴何　默　侯生怒
长叹喟　然　悔坑儒

◎**始皇默然**：即引发"坑儒"事件的侯生，在行刑前痛斥嬴政暴虐，令始皇默然，喟然而叹，将其释而不诛。《群书治要·说苑·反质》："诸生四百馀人皆坑之，侯生后得，始皇召而见之。侯生曰：'陛下肯听臣一言乎？'始皇曰：'若欲何言？'侯生曰：'今陛下奢侈失本，淫佚趣末……臣等不惜臣之身，惜陛下国之亡耳，今陛下之淫，万丹朱而千昆吾、桀纣，臣恐陛下之十亡曾不一存。'始皇默然久之，曰：'汝何不早言？'侯生曰：'陛下自贤自健，上侮五帝，下凌三王，弃素朴，就末技，陛下亡征久见矣……'始皇曰：'吾可以变乎？'侯生曰：'刑已成矣。陛下坐而待亡耳，若陛下欲更之，能若尧与禹乎……'始皇喟然而叹，遂释不诛。"结合《史记·秦始皇本纪》"三十七年……上会稽，祭大禹，望于南海，而立石刻颂秦德"，可见西汉刘向在《说苑·反质》的描述，填补了嬴政先"坑儒"然后又去"祭大禹"之间的逻辑合理性。◎**四始**：即《诗经》。《史记·孔子世家》："《关雎》之乱以为风始，《鹿鸣》为小雅始，《文王》为大雅始，《清庙》为颂始。"◎**阿房**：阿房宫。杜牧《阿房宫赋》："六王毕，四海一，蜀山兀，阿房出。"

西汉·高帝过鲁

风起云　高　天地遥
楚王汉　帝　自分晓
将功折　过　心犹失
重来邹　鲁　祠太牢

◎**高帝过鲁**：指汉高祖刘邦破项羽、灭异姓王后，过鲁地，祭祀孔子之事。《史记·孔子世家》："高皇帝过鲁，以太牢祠焉。"另《汉书·高帝纪下》："十一月，行自淮南还。过鲁，以太牢祠孔子。"◎**风起云高**：代指刘邦作《大风歌》，歌云："大风起兮云飞扬，威加海内兮归故乡。"◎**将功折过**：即刘邦一生的功过是非。◎**太牢**：《大戴礼记·曾子天圆》："诸侯之祭，牲牛，曰太牢。"

西汉·无为而治

始皇若	无	挟书律
高帝岂	为	白蛇拒
舜抚琴	而	天下和
文景之	治	启新语

◎**无为而治**：指不干预社会的治理国家，多认为是《老子》概念，实为儒家政治理念。《论语·卫灵公》："子曰：'无为而治者，其舜也与？夫何为哉，恭己正南面而已矣。'"陆贾《新语·无为》："夫道莫大于无为，行莫大于谨敬。何以言之？昔虞舜治天下，弹五弦之琴，歌《南风》之诗，寂若无治国之意，漠若无忧民之心，然天下治。"陆贾，西汉政治家，其最著名事迹是质问汉高祖刘邦"马上得天下，安能马上治天下"，令刘邦"惭色"，后奉刘邦之命撰古今成败之道12篇，名为《新语》。◎**挟书律**：李斯制定的"燔《诗》《书》"的禁书令。《史记·秦始皇本纪》："臣请史官非秦记皆烧之，非博士官所职，天下敢有藏《诗》《书》百家语者，悉诣守、尉杂烧之。有敢偶语《诗》《书》者弃市。"◎**白蛇拒**：即刘邦斩蛇起义之事。◎**文景之治**：《汉书·景帝纪》："赞曰：孔子称'斯民，三代之所以直道而行也'，信哉……汉兴，扫除烦苛，与民休息。至于孝文，加之以恭俭，孝景遵业，五六十载之间，至于移风易俗，黎民醇厚。周云成康，汉言文景，美矣！"

西汉·汉家儒宗

去楚从　汉　叔孙通
制礼帝　家　长乐宫
知变乃　儒　通则久
四代为　宗　取中庸

◎**汉家儒宗：**司马迁对叔孙通的尊称。《史记·叔孙通传》："叔孙通希世度务，制礼进退，与时变化，卒为汉家儒宗。"◎**叔孙通：**汉代儒学家，师从子鱼（《孔丛子》），曾为秦博士，后由项羽阵营转投刘邦，辅佐刘邦制定汉朝礼仪。◎**长乐宫：**据《史记·叔孙通传》记载，汉七年，长乐宫成，诸侯群臣用叔孙通制定的"汉礼"朝十月，使刘邦产生"吾乃今日知为皇帝之贵也"的感觉。◎**知变：**《中庸》："动则变，变则化。唯天下至诚为能化。"◎**通则久：**《周易·系辞下》："易穷则变，变则通，通则久。"◎**四代：**即夏、商、周、秦，汉承秦制。《史记·叔孙通传》："叔孙通曰：'五帝异乐，三王不同礼。礼者，因时世人情为之节文者也。故夏、殷、周之礼所因损益可知者，谓不相复也。臣愿颇采古礼与秦仪杂就之。'"

西汉·今文经

是古非　今　秦火燃
诗书无　文　口相传
伏生授　经　晁错隶
汉初儒　学　几波澜

◎**今文经学**：秦"焚书坑儒"后，经民间私下流传，已无战国文字原始版本，后由汉代隶书抄写的儒学典籍，称为"今文经学"。与此对应的是，在汉代被发现的由战国时期六国文字抄写的儒学典籍，称为"古文经学"。◎**伏生授经**：《史记·儒林列传》："伏生者，济南人也。故为秦博士。孝文帝时，欲求能治《尚书》者，天下无有，乃闻伏生能治，欲召之。是时伏生年九十馀，老不能行，于是乃诏太常使掌故晁错往受之。"◎**晁错**：西汉政治家、刑名学家，曾用汉隶记录伏生口述的《尚书》，后献《削藩策》引发"七国之乱"，被灭族。

西汉·三家诗

风雅齐　韩　鲁三学
辕固刺　诗　窦后诘
韩婴弦　外　索经史
申培训　传　孔安国

◎**韩诗外传：**书名，韩婴撰，节录儒学典故、史事杂钞，配以相应《诗经》诗句，加以议论阐发的说理性著作，可以领略汉初诗学的一种风貌。另有《韩诗内传》，已亡佚。◎**三家诗：**《汉书·艺文志》载"《诗经》二十八卷，鲁、齐、韩三家"，均属"今文经"，现仅存《韩诗》。◎**辕固：**齐人，汉景帝时博士，曾因贬低《老子》获罪于窦太后，被罚"入圈击彘"。◎**韩婴：**燕人，汉文帝时博士，治《诗》兼治《易》。◎**申培：**鲁人，汉文帝时博士，汉武帝曾向其请教"治乱之事"，有弟子孔安国。

西汉·公羊春秋

子记昭　公　次乾侯
一卷公　羊　断狱畴
削藩二　春　七国乱
诛吕廿　秋　怎安刘

◎**公羊春秋**：《春秋公羊传》，属"今文经"。相传为子夏弟子公羊高所传，至高子五传弟子汉景帝时胡毋生将其经著于竹帛，后传于公孙弘。董仲舒亦为公羊学专家，其师承不明，但其学脉一直延续至东汉末年何休。《公羊传》与《穀梁传》《左传》并称"春秋三传"。◎**昭公次乾侯**：由季氏与郈昭伯斗鸡引发鲁国政治动乱，鲁昭公逃亡晋国避难，后死于晋地乾侯。◎**断狱畴**：《汉书·艺文志》载"《公羊董仲舒治狱》十六篇"，作为政治判断的原则，见《春秋繁露·精华》"《春秋》之听狱也，必本其事而原其志。志邪者不待成，首恶者罪特重，本直者其论轻"。◎**七国乱**：指汉景帝采纳晁错《削藩策》引发七国之乱。◎**诛吕**：吕后摄政后，大肆安排吕氏与刘氏通婚，又安插吕氏外戚执掌军政大权，妄图霸占朝廷。吕后死后，由陈平、灌婴等老臣发动了一系列政变，诛杀诸吕，废杀吕后指定的少帝刘弘，改立刘恒为汉文帝。在经历了吕后临朝、诛吕安刘、七国之乱后，汉王朝虽勉强支撑局面，但权臣、外戚、同姓王虎视眈眈，刘氏江山随时会陷于风雨飘摇，所以不能再放任"黄老刑名学"发展了。随着"今文经"的普及与儒学地位的抬升，时代呼唤新的哲学，这一切给董仲舒登上历史舞台铺平了道路。

西汉·高堂士礼

仰之弥　高　钻弥坚
道在孔　堂　牺牲前
鲁地贤　士　资逸格
约我仪　礼　十七篇

◎**高堂士礼：** 指高堂生所传《士礼》十七篇，即《仪礼》。高堂生，西汉时鲁人，儒者，治《礼》。《史记·儒林列传》："诸学者多言《礼》，而鲁高堂生最本。《礼》固自孔子时而其经不具，及至秦焚书，书散亡益多，于今独有<u>《士礼》，高堂生能言之</u>。"◎**仰之弥高：** 颜渊对孔子的推崇。《论语·子罕》："颜渊喟然叹曰：'仰之弥高，钻之弥坚；瞻之在前，忽焉在后。'"◎**孔堂：** 孔子所居堂隩，喻学识境界高深。引申为《仪礼》中的燕、射、冠、婚之礼。◎**牺牲：** 祭祀用品，引申为《仪礼》中的丧服、士丧、少牢之礼。

114

西汉·董仲舒·春秋繁露

董公三	春	不窥园
天人千	秋	感应延
阴阳纷	繁	运五行
三策如	露	润西汉

◎**春秋繁露：**书名，董仲舒撰。是彰显董仲舒"五行象数"哲学的代表作。董仲舒本《周易》"元"与"阴阳"概念、《尚书·洪范》"五行九畴"说、《公羊传》蕴含的"春秋大义"、《礼记·月令》"对应"说、《韩诗》演绎思想，将道家"黄帝史观"、阴阳家"五德衍生说"、名家"名实之辩"、法家"法术势"等诸子学说，与儒家的"孝""王道""礼乐""仁义"等社会学概念相结合，通过概念间抽象的数字对应关系，将自然、时空、历史、人体、意识、社会与制度相关联、相对接，构建出汉代以儒学为基础的创新的大一统哲学体系，将汉代主流学术由战国黄老学转换为以儒学为基础的"五行象数学"，并将西汉政治观念从刑名学的"权法"形态扭转为儒家的"仁义法"，即"礼法"形态。◎**董仲舒：**西汉经学家、儒学家、政治家，是推动中华文明进程，塑造中国人思维方式的哲学家。◎**三春不窥园：**《史记·儒林列传》："盖三年董仲舒不观于舍园，其精如此。"◎**天人感应：**建立在"五行象数学"上的哲学概念。◎**三策：**即《天人三策》，据《汉书·董仲舒传》记载，董仲舒与汉武帝廷对，董仲舒提出"奉天法古"以尊"王道"，并谏言"诸不在六艺之科孔子之术者，皆绝其道，勿使并进。邪辟之说灭息，然后统纪可一而法度可明"的政治主张，旨在恢复儒家"先王之道"作为政治主导思想，罢黜"乱政"的"黄老刑名学"。

西汉·汉武帝·柏梁台诗

将军古　柏　封岳处
安得栋　梁　通丝路
血马轮　台　攘匈奴
乐府采　诗　尊儒术

◎**柏梁台诗**：汉武帝刘彻在长安建章宫柏梁台宴请百官时，与群臣一人一句唱和的联句诗。南梁刘勰《文心雕龙·明诗》载："孝武爱文，《柏梁》列韵。"其形式被称为"柏梁体"，开"七言诗"先河。梁武帝萧衍、唐太宗李世民都曾与群臣效柏梁体和诗。究其为七言的原因为，《史记·天官书》"北斗七星，所谓'旋、玑、玉衡以齐七政'"，且"斗为帝车，运于中央，临制四乡"，而《楚辞·九歌·东君》载"援北斗兮酌桂浆"，结合董仲舒"五行象数学"的"天人合一"思想，即七言、北斗七星与帝王身份构成象征关系。中国历史上第一首七言诗《燕歌行》为魏文帝曹丕所作。此推论可解释七言的成因。◎**汉武帝**：刘彻，汉代最有作为的皇帝，其通丝路、征匈奴、设太学、尊儒术的举措，对中华文明产生了深远影响。◎**将军古柏**：位于河南登封，传武帝封中岳嵩山时见柏树高大封其为"将军"。◎**乐府**：《汉书·礼乐志》："至武帝定郊祀之礼，祠太一于甘泉，就乾位也；祭后土于汾阴，泽中方丘也。乃立乐府，采诗夜诵。"◎**尊儒术**：《史记·儒林列传》："然孝文帝本好刑名之言。及至孝景，不任儒者，而窦太后又好黄老之术……及窦太后崩，武安侯田蚡为丞相，绌黄老刑名百家之言，延文学儒者数百人。"可见黄老刑名学为外戚哲学，武帝行"先王之道"剥夺外戚意识形态，达成"大一统"政治需要。

西汉·古文经·河间献王

毛诗长　河　几曲折
左传书　间　起风波
雅乐一　献　八佾舞
尊儒武　王　何不乐

◎**河间献王**：河间王刘德，汉景帝子，汉武帝同父异母的兄长，嗜古书，曾向武帝献《毛诗》《左传》等古籍，又被尊称为"献书王"。◎**毛诗**：即《诗经》，由西汉鲁国人毛亨与毛苌所传，正文中附有相传是子夏著《大序》与毛亨著《小序》。毛苌，为河间王博士。◎**左传**：《春秋左传》，相传为春秋末年左丘明著。◎**八佾舞**：《汉书·艺文志》："武帝时，河间献王好儒，与毛生等共采周官及诸子言乐事者，以作《乐记》，献八佾之舞，与制氏不相远。"◎**武王何不乐**：据《史记集解》记载，刘德献八佾舞，却引发汉武帝刘彻的猜忌，竟以"汤以七十里、文王百里，王其勉之"此等"话中有话"之语相告，刘德归国后"纵酒听乐"，郁郁而终。

西汉·公孙主父

儒列三　公　布衣眠
术弱王　孙　推恩颁
但使明　主　行王道
泰山梁　父　好祀天

◎**公孙主父**：公孙弘与主父偃。公孙弘是以儒家贤良成为汉武帝丞相的人，他按儒家风范行事，"陈力就列，不能者止"，能主动承认错误，不搞"团团伙伙"，位列三公。他睡觉时只盖粗布被子，可能是汉武帝唯一器重的逝于任上的丞相。在公孙弘之前有四任丞相，一个被斩首，一个被吓死，两个被免职；在弘身后有七任丞相，五位被斩首灭族，另两位方得善终。主父偃的"推恩令"，显示儒家的政策特点，即不追求迅速的、激进的、违背社会公序良俗的社会变革，而是采用渐进的、柔和的、民众喜闻乐见的、将权力冲突化为无形的社会改良。◎**泰山梁父**：封泰山、禅梁父。《史记·封禅书》："管仲曰：'古者封泰山禅梁父者七十二家，而夷吾所记者十有二焉。'"

西汉·古文经·鲁壁藏书

淮王迁　鲁　好治宫
损我孔　壁　闻磬钟
子鱼前　藏　论语简
终成汉　书　古文经

◎**鲁壁藏书**：秦始皇焚书时，孔子后裔孔鲋将《尚书》《论语》《孝经》等一批战国书简册砌于故宅墙壁中，后鲁共王刘余为扩建宫苑，想拆除孔子故宅，发现了这批简册，是为"古文经"。《汉书·艺文志》："武帝末，鲁共王坏孔子宅，欲以广其宫，而得《古文尚书》及《礼记》《论语》《孝经》凡数十篇，皆古字也。"◎**淮王**：刘余，汉景帝刘启之子，本立为淮王，七国之乱后改封为鲁王，即鲁磬王。◎**闻磬钟**：鲁共王入孔子宅时，竟听到鼓琴、击磬之声，心生恐惧，遂不敢再拆除。《汉书·艺文志》："共王往入其宅，闻鼓琴瑟钟磬之音，于是惧，乃止不坏。"

西汉·孔安国·古文尚书

曰若稽　古　述不作
孔壁籀　文　其意硕
安国志　尚　仲尼德
欲献漆　书　遇蛊祸

◎**古文尚书：**书名，由孔安国整理编订"鲁壁藏书"中竹简而得，本欲献于朝廷，却正逢"巫蛊之祸"，朝廷瘫痪，政局动荡，无暇顾及学术思想，于是安国自传其学，是为《古文尚书》。◎**孔安国：**字子国，鲁人，孔子后裔，师从"鲁诗"代表人物申培，也是《尚书》学泰斗伏生的三传弟子，为西汉经学家、政治家，孔安国最显著的成就是整理"鲁壁藏书"，编订《古文尚书》与《古本论语》。司马迁曾向孔安国请教问题。◎**曰若稽古：**《尚书·尧典》中多处载有"曰若稽古"，《尚书正义》注为："顺考古道而行。"◎**漆书：**指鲁壁藏书。苏轼《题所作书易传论语说》："孔壁、汲冢竹简科斗，皆漆书也。"◎**蛊祸：**巫蛊之祸。汉武帝晚年发生的汉朝最惨烈的皇家政治动乱，是刘彻一生的污点，也是西汉由盛转衰的转折点。

西汉·司马迁·天人之际

五帝顺　天　殷周典
春秋圣　人　战国简
秦汉衍　之　多不变
浩史存　际　司马迁

◎**天人之际**：象征世界、历史与人的关系。出自《史记·太史公自序》："天人之际，承敝通变，作八书。"《史记》原名《太史公书》，司马迁撰，是中国历史上第一部纪传体通史。需要指出的是：（一）司马迁处于汉朝主流思潮从黄老学向儒学转换阶段，董仲舒引领的儒学新风与汉代黄老刑名学传统都对其产生很大影响，可将其划为"尊儒"的黄老学，其思想的杂糅在《史记》中呈现丰富表征；（二）正因为司马迁遵从"黄老学史观"，《史记》中充斥着大量演绎、戏剧性夸张、前后"两说"的叙事现象，但这并不影响《史记》的历史地位，但不能将《史记》完全作为真实史实阅读。◎**司马迁**：字子长，西汉史学家、政治家，因获罪于汉武帝又无钱赎死，选择腐刑，后继承父志，发愤著成《史记》。◎**五帝顺天**：有五帝之顺天方有殷周之典籍，《史记·五帝本纪》"顺天之义，知民之急。仁而威，惠而信，修身而天下服"，意与《周易·革卦》"天地革而四时成，汤武革命，顺乎天而应乎人"相同。◎**春秋圣人**：有孔子之经学方有战国之智慧。《孔子世家》是研究孔子最重要著作之一。◎**秦汉不变**：指《史记》记载的秦并六国、楚汉争霸、灭异姓王、七国之乱等历史事件。◎**浩史存际**：历史有它的界限与边缘，即历史有规律可循。

西汉·古文经·河内女子

九曲黄　河　水一清
烟波宇　内　闻箫筝
献籍素　女　飘然去
恍若帝　子　已乘风

◎**河内女子：**向汉宣帝献古籍的河内郡女子，在史籍中没有留下姓名。河内郡今在黄河以北，太行山以南，河南安阳至济源一带。《论衡·正说》："孝宣皇帝之时，河内女子发老屋，得逸《易》《礼》《尚书》各一篇，奏之。宣帝下示博士，然后《易》《礼》《尚书》各益一篇，而《尚书》二十九篇始定矣。"另据陆德明《经典释文》："汉宣帝本始中，河内女子得《泰誓》一篇献之，与伏生所诵合三十篇，汉世行之。"◎**黄河水一清：**李康《运命论》："夫黄河清而圣人生。"◎**帝子：**尧的女儿。屈原《楚辞·九歌·湘夫人》："帝子降兮北渚，目眇眇兮愁予。"

西汉·刘向·说苑新序

五行之　说　论兴亡
石渠鹿　苑　校书狂
六艺一　新　成七略
太学庠　序　在穀梁

◎**说苑新序**：《说苑》《新序》，刘向撰。刘向利用石渠阁中战国以来书籍档案，将史实记录与逸闻掌故相结合，分章别目编撰成书，借鉴《韩诗》《史记》的再现式叙事方式，以历史人物之口表述治国方略与王道理念，开"史化哲学"先河。其子刘歆很可能从中领悟到日后整理《左传》的方法。◎**刘向**：字子政，西汉儒学家、史学家、文学家。其贡献与特点有：（一）将《穀梁传》研究与"《洪范》五行"哲学相结合，撰《洪范五行传论》(《汉书·五行志》前身），构建汉代创新学术思想——董仲舒、刘向"五行象数"体系。（二）携其子刘歆编纂《别录》、《七略》(《汉书·艺文志》前身），以"六艺"分类完整记录经学书目，从总结历史角度将诸子学从《史记》的"六家"，过渡为《汉书》的"九流十家"。（三）整理大量书籍，如《楚辞》《荀子》《战国策》《列女传》《山海经》等，为中华文化的流传与发展作出不可磨灭的贡献。（四）由于刘向"借古喻今"的学术特点，他的编纂或多或少带有汉代文化色彩与解决当时政治现实的需要。◎**五行之说**：即刘向《洪范五行传论》。◎**石渠鹿苑**：石渠阁位于未央宫殿北，在皇家苑囿内。◎**太学庠序**：《汉书·董仲舒传》："立大学以教于国，设庠序以化于邑，渐民以仁，摩民以谊，节民以礼。"◎**穀梁**：《穀梁传》，在形式上比《公羊传》更符合"春秋大义"。

西汉·京房易传

推律定　京　改姓名
荧惑犯　房　劝皇庭
五行释　易　解灾异
不料奏　传　石显睛

◎**京房易传：**指《京氏易传》，京房撰。其文与《周易》存在明显差异，将《易》学与阴阳五行、天文历数、音律节气结合，揭示现象、规律与政治的关系，是彰显"天人感应"思想的著作。京房，西汉政治家、易学家。◎**推律定京改姓名：**京房本姓李，推律自定为京氏。◎**荧惑犯房：**荧惑为火星，代表凶相兵变；房为房宿，代表明堂。◎**五行释易解灾异：**京房学说着眼于灾异，将灾害天象与政治行为相联结。◎**石显：**西汉元帝时宦官与权臣，京房曾向汉元帝暗示石显为乱国者，后遭石显构陷杀害。

西汉·张禹·张侯论语

尧曰子　张　斯从政
宪问九　侯　麾管仲
编纂齐　论　合鲁论
仲尼圣　语　实天纵

◎**张侯论语**：指《张侯论》，张禹撰。是将今文经的《鲁论语》与《齐论语》结合起来，编辑成的第一个《论语》修订本。◎**张禹**：西汉政治家、经学家、儒学家，曾教授汉成帝《论语》。◎**尧曰子张斯从政**：据《论语·尧曰》记载，孔子向子张讲述"尊五美，屏四恶"的"从政"之道。◎**宪问九侯麾管仲**：即《论语·宪问》中孔子对管仲的评价："桓公九合诸侯，不以兵车，管仲之力也。"◎**齐论合鲁论**：张禹先受《鲁论》于夏侯建，又受《齐论》于庸生、王吉，后"择善而从"，著《张侯论》。◎**天纵**：《论语·子罕》："大宰问于子贡曰：'夫子圣者与？何其多能也？'子贡曰：'固天纵之将圣，又多能也。'"

西汉·大戴礼记

道愈广　大　辞愈隆
宣元二　戴　删其重
七教至　礼　还三本
孔曾铭　记　是德性

◎**大戴礼记：**书名，戴德撰。戴德将刘向在石渠阁修订的130篇《礼经》删减为85篇，是为《大戴礼记》。后其侄戴圣又将《大戴》进一步删减，并另加《月令》《明堂位》《乐记》三篇，合成49篇，称为《小戴礼记》，即今日之《礼记》。戴德，西汉经学家，与其侄戴圣并称为"大小戴"。◎**宣元二戴：**指生活在西汉宣帝与元帝时期的戴德与戴圣。◎**七教：**《大戴礼记·主言》："曾子曰：'敢问：何谓七教？'孔子曰：'上敬老则下益孝，上顺齿则下益悌，上乐施则下益谅，上亲贤则下择友，上好德则下不隐，上恶贪则下耻争，上强果则下廉耻……此谓七教。'"◎**三本：**《大戴礼记·礼三本》："礼有三本：天地者，性之本也；先祖者，类之本也；君师者，治之本也。"◎**德性：**思想意识。

西汉·扬雄子云

文质飞　扬　刺甘泉
道德俊　雄　立法言
天地君　子　可相贯
方见子　云　亭上玄

◎**扬雄子云**：扬雄，字子云。西汉儒学家、哲学家、辞赋家，最早提出"太玄"概念，是魏晋"玄学"的先行者。◎**文质**：《太玄经·文》："阴敛其质，阳散其文，文质班班，万物粲然。"◎**刺甘泉**：扬雄著《甘泉赋》，以"袭璇室与倾宫兮，若登高眇远，肃乎临渊"与"想西王母欣然而上寿兮，屏玉女而却宓妃"，谏言奢华荒淫的汉成帝。◎**法言**：《扬子法言》，扬雄仿《论语》作《法言》十三篇，续《孟子》述天、地、人之道，其中提到《老子》"捶提仁义，绝灭礼学，吾无取焉"。◎**子云亭**：唐代刘禹锡《陋室铭》："南阳诸葛庐，西蜀子云亭。"◎**玄**：《太玄经》中之"玄"。扬雄试图改良《周易》，在《易经》"阴阳"二爻的基础上，增加了"人"爻，使《太玄经》成为有别于《周易》六十四卦的八十七卦示意系统。其"玄"的概念为："玄者，幽摛万类而不见其形者也"，"天以不见为玄，地以不形为玄，人以心腹为玄"。可见此"玄"与魏晋之"玄"相仿，即超乎形象又可与思想类比。但其又提出："玄也者，天道也，地道也，人道也，兼三道而天名之。君臣、父子、夫妻之道。"可见扬雄之"玄"倾向与儒学沟通，与倾向"老庄"的魏晋"玄学"有本质区别。

西汉·刘歆·春秋左传

麟死芳　春　仲尼忧
太白耀　秋　又谁愁
常伴王　左　倡托古
谶语何　传　有刘秀

◎**春秋左传**:《左传》,相传为鲁史官左丘明所著,但历代质疑不断。朱熹认为是楚左史倚相之后;清刘逢禄、康有为均认为是刘歆所作;钱穆、章太炎认为其成书与吴起有关。现推测,其为战国所著,作者不详,经历秦火残缺不全,后藏于石渠阁,经刘向初步整理后刘歆对其感兴趣,取其与《春秋》相合,并添加了一定内容,使之对历史的诠释更加精准,以标榜自身"古文学派"的权威性;后又经东汉贾逵再次梳理,以满足东汉皇家学术需要。如果说《公羊传》与《榖梁传》都是在"微言"上阐发"春秋大义"的,那么《左传》则是用更多的相呼应的历史事件,揭示历史发展的"逻辑"。似以此"满足"汉末王莽"托古改制"的政治需要。◎**刘歆**:字子骏,西汉与新莽时期经学家、政治家、史学家,曾与其父刘向修订中国历史上第一部图书分类目录《七略》,是王莽的"国师"。◎**麟死芳春**:《左传·哀公十四年》西狩获麟事件。◎**太白耀秋**:刘歆因王莽杀其三子,准备谋反,但又踌躇"当待太白星出,乃可",后事情败露自尽。而秋天太白星果然出现,亮如月光。◎**谶语**:《后汉书·光武帝纪上》载赤伏符,其谶为"刘秀发兵捕不道,四夷云集龙斗野,四七之际火为主",为此刘歆特意将名字改为刘秀,准备应符。

东汉·郑兴·臣不为谶

书喻君　臣　股肱恩
明君何　不　悦直臣
有所不　为　乃狂狷
五经图　谶　怎相训

◎**臣不为谶：**东汉光武帝刘秀因谶语登位，对谶纬学抱有热情，总希望经学家能给予谶纬学术地位，遭到回绝便勃然大怒。《后汉书·郑兴传》："帝尝问兴郊祀事，曰：'吾欲以谶断之，何如？'兴对曰：'臣不为谶。'帝怒曰：'卿之不为谶，非之邪？'兴惶恐曰：'臣于书有所未学，而无所非也。'帝意乃解。"又《后汉书·桓谭传》："帝谓谭曰：'吾欲谶决之，何如？'谭默然良久，曰：'臣不读谶。'帝问其故，谭复极言谶之非经。帝大怒。"◎**书喻君臣股肱恩：**《尚书·益稷》载"帝曰：'臣作朕股肱耳目'"，喻君臣一体，不可分割。◎**直臣：**直言谏诤之臣，指郑兴与桓谭。◎**狂狷：**《论语·子路》："子曰：'不得中行而与之，必也狂狷乎！狂者进取，狷者有所不为也。'"◎**图谶：**预言式的、含有宿命性与蛊惑性的图案或文字。

东汉·贾逵·最差贵显

建初谁　最　应帝心
经谶参　差　左传均
舌耕达　贵　贾长头
十岁已　显　通儒襟

◎**最差贵显：**史书对贾逵的评价，是统筹、聚合差异以达贵之意。《后汉书·贾逵传》："论曰：郑、贾之学，行乎数百年中……桓谭以不善谶流亡，郑兴以逊辞仅免，贾逵能附会文致，<u>最差贵显</u>。"◎**贾逵：**东汉经学家、政治家。◎**建初谁最应帝心：**《后汉书·贾逵传》载"肃宗立，降意儒术，特好古文尚书、左氏传。建初元年，诏逵入讲北宫白虎观、南宫云台"，贾逵遂以"《左氏》义深于君父，《公羊》多任于权变"与"如令尧不得为火，则汉不得为赤"所包含的政治与汉祚合法性为据，赢得汉章帝之心，使《左传》地位超越《公羊传》与《穀梁传》。◎**舌耕：**《拾遗记·后汉》中称贾逵因教书而"积粟盈仓"，谓其"舌耕"。◎**贾长头：**贾逵身高八尺二寸（合1.89米），被称为"贾长头"。◎**十岁已显通儒襟：**据《拾遗记·后汉》记载，贾逵五岁"隔篱听书"，十岁暗诵"六经"。

东汉·班固·白虎通义

星疏月　白　日初升
群儒白　虎　观中诤
天人相　通　成纲纪
五行志　义　青史弘

◎**白虎通义**：书名，又名《白虎通德论》，班固撰。东汉章帝建初四年，在洛阳北宫白虎观举办了著名的"白虎观会议"，目的是沟通儒家经学、汉代五行象数学、东汉谶纬学，统一东汉的学术思想与政治理念，建构大一统的哲学表达。过程为群儒辩论，后经汉章帝亲自裁定，最后由班固总结集为《白虎通义》，作为一部彰显"治国理念"的哲学"法统"典。纵观《白虎通义》，其引谶纬书籍二十余部，引儒家经典四五百部，所以绝不能说《通义》反映的是谶纬学思想，而是《通义》在巩固五经与五行象数学关系后，也给予东汉"祖制"的谶纬学一定空间，好向汉章帝交差罢了。◎**天人相通成纲纪**：即"五行象数学"的象征性哲学理念。《白虎通义·辟雍》"明堂，上圆下方，八窗四闼，布政之宫，在国之阳。上圆法天，下方法地，八窗象八风，四闼法四时，九室法九州，十二坐法十二月。"◎**五行志义**：刘向作《洪范五行传论》，后被班固收录于《汉书·五行志》。

131

东汉·班固汉书

遥想三　班　　兰台时
志坚心　固　　续正史
褒贬前　汉　　显儒思
身死成　书　　垂永世

◎**班固汉书**：《汉书》，班固撰。是中国第一部纪传体断代史。《汉书》是对《史记》史学精神的发扬与修正，即东汉不再奉行西汉黄老学史观，而是确立以儒家思想为历史的评判标准。《汉书》的另一贡献是弃《书》立《志》，其《艺文志》由刘向、刘歆《七略》编订而成，第一次在史学著作中分门别类记录古代典籍书目；其"九流十家"的定义，是对先秦诸子学重新划分与再次总结，对中国思想史发展具有极重要意义。其《五行志》收录刘向的《洪范五行传论》，展现了将自然现象与社会现象相沟通的哲学思想，并显示了汉代董仲舒、刘向、刘歆"五行象数学"系谱。其后历代史书均有《五行志》，从此"五行"成为中国哲学与史学上"一以贯之"的命题。班固，字孟坚，东汉最杰出的史学家之一。◎**三班**：班彪、班固、班昭的并称。◎**兰台**：皇家档案与图书馆，史官修史之地。汉明帝诏班固为兰台令史。◎**志坚心固续正史**：即班彪采西汉遗事，欲续《史记》修史，可惜早逝，其子班固承父志编《汉书》。◎**身死成书**：班固因受"窦宪案"牵连，获罪，遭迫害，身死狱中，其妹班昭再续其志，终完成《汉书》的编撰。

东汉·马融绛帐

东周文　马　坏鲁政
后汉马　融　刺广成
乐女点　绛　绕高堂
授徒深　帐　保全生

◎**马融绛帐：**著名历史典故。即马融一边声色犬马，一边教授学生。《后汉书·马融传》载"（马融）不拘儒者之节。居宇器服，多存侈饰。常坐高堂，施绛纱帐，前授生徒，后列女乐"，实为马融以女乐歌舞的方式掩人耳目，传授儒家思想与其徒。马融，字季长，东汉经学家、政治家。马融一生才俊格高，屡被举荐，但其秉承的儒家思想不容于东汉后期险恶的政治环境，得罪过太后，又遭权臣陷害，曾自杀未遂，终托病去职。卢植、郑玄皆为其徒，其学术思想散见《论语集注》与《五经正义》。◎**东周文马坏鲁政：**即齐国送鲁国女乐文马，季桓子受而三日不朝，导致孔子去鲁，周游列国。◎**刺广成：**马融作《广成颂》刺朝政，得罪邓太后，十年未获升迁。◎**保全生：**《老子》"持而保之"之道，马融不但注儒学经典，也曾注《老子》《淮南子》。

东汉·何休·公羊墨守

闻说何　公　口为讷
覃思公　羊　十七夏
隐括笔　墨　著三阙
解经以　守　党锢伐

◎**公羊墨守**：书名，何休著。是褒扬《公羊传》思想的著作，同时著有《左氏膏肓》《穀梁废疾》批驳《左传》《穀梁传》存在的问题。后激起郑玄不满，作《发墨守》《针膏肓》《起废疾》三篇，对何休展开学术批判。被何休喻为："康成入吾室，操吾矛，以伐我乎！"俨然一场轰轰烈烈的东汉学术争鸣。◎**何休**：东汉"今文派"经学家，被喻为最后的"公羊学家"。因涉"党锢之祸"，终生禁止为官，遂闭门在家17年作《春秋公羊传解诂》。◎**口为讷**：即讷口。何休口吃，不善言谈。◎**三阙**：东晋王嘉《拾遗记》中将何休所作《左传膏肓》三篇，称为"三阙"。

东汉·郑玄康成

乐释雅　郑　谁释名
数典算　玄　注五经
一斛杜　康　一纯儒
三礼通　成　北海星

◎**郑玄康成**：郑玄，字康成，师从马融。是东汉乃至中国历史上最杰出的经学家之一。如果说宋明经学属于朱熹，那么汉唐经学当属郑玄。郑玄调和了古文经学与今文经学，一人支撑起对整个经学系统的阐释。毫不夸张地说，研究汉唐经学就是在研究郑玄之学。翻开唐代《五经正义》，上面布满郑玄的名字。朱熹评郑玄为："郑康成是个好人，考礼名数大有功，事事都理会得。"郑玄的形象在今天看来是模糊的，远不如被演义于《三国演义》中的同时代者那样鲜亮，但郑玄的人格与思想已与"五经"融为一体，成为永恒。◎**数典算玄**：指除经学外，郑玄在三统历、九章算术、谶纬方面无所不精。◎**一斛杜康**：《后汉书·郑玄传》："时大将军袁绍总兵冀州，遣使要玄……玄最后至，乃延升上坐。身长八尺，饮酒一斛，秀眉明目，容仪温伟。"**纯儒**：《后汉书·郑玄传》称其为"纯儒"。◎**三礼**：即《仪礼》《周官》《礼记》，郑玄撰《三礼注》。◎**北海星**：郑玄是北海郡人（今山东高密一带），有"北海郑康成"之说。

三国·赵岐·孟子章句

赵岐注　孟　第一家
乱世学　子　尊其雅
整理万　章　为救国
亚圣句　句　保中夏

◎**孟子章句**：书名，赵岐撰。《后汉书·赵岐传》载："岐多所述作，盖《孟子章句》《三辅决录》传于时。"赵岐所作《孟子章句》是现存《孟子》的最早注本，南宋朱熹在修《论语集注》时对"汉注"大多删去，而在修《孟子集注》时则对"赵岐注"多有保留，可见其权威性。◎**赵岐**：汉末经学家、政治家，因德高望重曾调和曹操、袁绍与公孙瓒的关系。◎**万章**：指《孟子·万章》篇，又喻赵岐的章句工作繁重。◎**亚圣**：赵岐在《孟子章句·孟子题辞》中将孟子与孔子并列，赞誉孟子为仅次于孔子的亚圣："可谓直而不倨，曲而不屈，命世亚圣之大才者也。"

三国·蔡邕·琴操独断

焦尾长　琴　三尺雪
水仙之　操　半轮月
君子慎　独　且为歌
忽而弦　断　已中夜

◎**琴操独断**：《琴操》《独断》，蔡邕撰。《琴操》为儒学乐书，记录古代名曲的意义。《独断》则记录汉代最后的礼仪规格与典章制度。二者均彰显汉代五行象数思想，如《琴操》载："琴长三尺六寸六分，象三百六十日也；广六寸，象六合也……前广后狭，象尊卑也。上圆下方，法天地也。五弦宫也，象五行也。"◎**蔡邕**：字伯喈，蔡文姬之父，汉末经学家、政治家、音乐家，曾亲手书写《熹平石经》上的"六经"文字，是汉代"五行象数学"最后的传承者。◎**焦尾长琴**：蔡邕见吴人烧桐，听火烈之声，断定为良木，遂取其木裁为琴，因其尾端已被烧焦，故名焦尾琴。◎**水仙之操**：即《琴操》中《水仙操》，是伯牙所作"移情"之曲。

三国·王肃·孔子家语

编纂周　孔　宏洙泗
一汇君　子　诗书志
礼乐邦　家　三五间
夫子曾　语　多少事

◎**孔子家语**：书名，儒学经典，王肃撰。推溯其源，可能为战国"三孔"所传，后藏于"鲁壁"，由孔安国、刘向整理，或由张禹编定《论语》所筛选，其间历多次传抄（1973年出土河北定州八角廊汉简《儒家者言》与《家语》存对应关系），最终由王肃结合《孔子世家》《论语》《大戴礼记》《礼记》等汉代书籍编订而成，是一部系统地记录孔子生平、思想及孔门弟子言行的学术专著，也是研究儒学发展，了解孔子在两汉三国学术面貌的重要著作。◎**王肃**：字子雍，三国时代最杰出的经学家，其父为王朗，其婿为司马昭。在经学研究上，王肃有意与郑玄之学分庭抗礼（朱熹曰："王肃议礼，必反郑玄"），郑玄重古训，王肃重阐发，似乎有意标榜曹魏学术思想对汉代学术思想的超越。在其后时代对经典的解读中，要么郑、王并举，要么非郑即王，形成经学与思想史上一道亮丽的风景线。◎**礼乐邦家**：贯穿社会与国家的政治制度与政治文化。◎**三五**：孔子所提"三五之事"。三，指《论语·述而》："子曰：'三人行，必有我师焉。'"五，指《论语·阳货》："子张问仁于孔子，孔子曰：'能行五者于天下，为仁矣。''请问之。'曰：'恭、宽、信、敏、惠。'"

138

三国·玄学·何晏王弼

磐石如　何　美容颜

麈尾清　晏　尚清谈

谁劝公　王　守虚静

惹得良　弼　皆畅玄

◎**何晏王弼**：何晏与王弼，魏晋南北朝玄学创始人，三国曹魏儒学家。◎**玄学**：以《老子》《庄子》《周易》为思想基础，以"以道释儒"为理论体现，是贯穿解释世界构成（有生于无）、政治方法（内圣外王、贵无、执大象）与生命存在（守静、守柔、独化）的系统性哲学体系。究其产生原因为：（一）东汉后佛教东进，造成董仲舒、刘向"五行象数学体系"无法解释的世界观问题。（二）由此"老子化胡说"与浮屠老子祠兴起，提升了《老子》地位。（三）黄巾起义提出"苍天已死，黄天当立"引发"农黄之化"的史学思潮。（四）汉魏禅让产生的"四三皇，六五帝"的政治超越性，催生对超越传统思想的期待。（五）自扬雄《太玄经》以来的学术暗流。（六）何晏集团的政治抱负。王弼，字辅嗣，玄学创始人与杰出的经学家，著有《道德经注》《周易注》，其以玄学思想对经学的解读，被收入唐代《五经正义》，流传至今。◎**磐石**：含砷矿石，可炼制砒霜，指五石散。◎**麈尾**：兽毛制作的拂秽纳凉工具，相当于羽扇与拂尘的结合体，玄学家所持。◎**清谈**：探讨"老庄"清静无为的"贵无"思想的学术交流。

三国·何晏·论语集解

清谈阔　论　服食日
玄言妙　语　贵无时
笔端汇　集　千载悟
愁来一　解　孔丘思

◎**论语集解**：书名，何晏撰。收录两汉儒学大家孔安国、包咸、马融、郑玄、王肃等人注释，是现存最早、最完整，也是三国时期最权威的《论语》注释集。◎**何晏**：三国曹魏政治家、儒学家、文学家，魏晋南北朝玄学创始人。◎**服食**：魏晋玄学名士以服食"五石散"为时尚。何晏是曹操的养子兼女婿，他长期服用"五石散"，成功规避曹丕、曹睿两朝对他的猜忌，隐忍至曹爽摄政终登高位，后葬身于司马氏与曹爽的政治斗争中。◎**贵无**：玄学核心思想。北宋邢昺《论语注疏》："王弼曰：'道者，无之称也，无不通也，无不由也。况之曰，道寂然无体，不可为象。'"可见玄学的"道"与理学的"道"（即"太极本无极，无形而有理"）的相似之处，但理学解释自然的"二气五行生成说"与概括思想的"性理论"，是玄学完全不具备的。

三国·杜预·左传集解

北飙江　左　侵吴宫
破竹总　传　武库功
休谩宴　集　委蛇事
荆扬刃　解　雨濛濛

◎**左传集解**：即《春秋左氏传集解》，杜预撰。是现存最早的《左传》集解，唐代孔颖达将杜预《集解》全本纳入其《春秋左传正义》中。◎**杜预**：魏晋政治家、军事家、经学家，一生酷爱研究《左传》，有"左传癖"之称。◎**侵吴宫**：指由杜预统筹安排的西晋灭吴之战。◎**破竹、刃解**：势如破竹、迎刃而解。由杜预攻吴所诞生的成语。◎**武库**：杜预因足智多谋被赞为"杜武库"。◎**宴集委蛇事**：指杜预为大蛇所化。《晋书·杜预传》："预初在荆州，因宴集，醉卧斋中。外人闻呕吐声，窃窥于户，止见一大蛇垂头而吐。闻者异之。"

西晋·竹书纪年

盗跖燃　竹　侵古墓

战国魏　书　惊人睹

三纲六　纪　何为准

八王元　年　乱晋都

◎**竹书纪年：**书名，西晋出土的一部编年体通史。《晋书·束皙传》："太康二年，汲郡人不准盗发……魏安釐王冢（取朱子语类），得竹书数十车……盖魏国之史书，大略与《春秋》皆多相应。其中经传大异，则云……益干启位，启杀之，太甲杀伊尹，文丁杀季历。"后世称《汲冢书》或《竹书》。推测其成因大致为：（一）上古史的空缺，给不同学派的历史学家创造了发挥空间。（二）参考《韩非子》，《竹书》史观符合战国黄老刑名学特点。（三）魏安釐王身处华阳之战、长平之战、东周灭亡的战国至暗时刻，无休止的战争使世界布满仇恨与信仰的毁灭，《竹书》的记录与此相"对应"。（四）信陵君窃符救赵，对魏安釐王的威望冲击极大，为此信陵君滞留赵国十年不归，回国后便一直活在魏安釐王的监视下，二人同年死去。《竹书》不正是魏安釐王用来警告自己与在舆论上敲打信陵君的工具吗？ ◎**三纲六纪：**代指政治伦理。《白虎通义》："三纲者何谓也？谓君臣、父子、夫妇也。六纪者，谓诸父、兄弟、族人、诸舅、师长、朋友也。" ◎**八王元年乱晋都：**八王之乱，从元康元年至光熙元年，共 16 年的皇族内乱，极大削弱了西晋国力，导致西晋灭亡，北方游牧民族入主中原，使中国陷入近 300 年的大分裂时期。

东晋·梅赜尚书

江左有　梅　开金陵
文武灵　赜　秦淮声
衣冠风　尚　暂南渡
且理诗　书　待北征

◎**梅赜尚书：** 即今日所见的《尚书》，由梅赜所献。西晋永嘉之乱，使华夏文明遭遇了前所未有的浩劫，两汉三国500年来珍藏的文物与古籍损毁殆尽，皇家所藏的《尚书》全部遗失。就在"衣冠南渡"后，东晋元帝司马睿立足未稳之时，豫章内史梅赜献自称是孔安国所传《古文尚书》58篇，朝廷为之大振，将其列于学官。但"梅赜尚书"比古籍中记载的《尚书》多出25篇，受到自宋代后学者质疑，称其为"伪古文"，有"伪孔传"之说。然纵观"梅赜尚书"，其通篇彰显"敬天畏民"思想，被指为后增的篇目，可视为保持历史记载连贯性的"代而为之"，仍不失其经典。此后历朝历代均以"梅赜尚书"为《尚书》定本，在经学史上拥有不可动摇的地位。梅赜，东晋政治家、经学家，曾于金陵梅岗（现江苏南京雨花台）抵御北胡入侵。◎**文武灵赜：**《论语·子张》："子贡曰：'文武之道，未坠于地，在人。'"

东晋·韩康伯·易系辞注

孔子研　易　十翼卓
彖象卦　系　意难摩
老贵无　辞　庄独化
儒典道　注　是玄学

◎**易系辞注**：《周易系辞注》，韩康伯撰。《晋书·韩伯传》未录其书，《隋书·经籍志》载："《周易》十卷，魏尚书郎王弼注《六十四卦》六卷，韩康伯注《系辞》以下三卷，王弼又撰《易略例》一卷。"后被唐孔颖达疏为《周易正义》。王、韩合璧的《周易注》乃玄学"扛鼎之作"，但正因其玄学立场，遭到朱熹最直接的否定："（正义）《易疏》乱道，《易疏》只是将王辅嗣注来虚说一片。"◎**韩康伯**：名伯，字康伯，东晋政治家、玄学家。◎**十翼**：相传孔子研《易》而作的《彖传》《象传》《系辞》《说卦》等篇目合称。◎**老贵无辞**：玄学中的老子"贵无"之辞。◎**庄独化**：韩康伯将郭象《庄子注》中"独化"概念引入《系辞》，将"阴阳不测之谓神"解释为："原夫两仪之运，万物之动，岂有使之然哉！莫不独化于大虚，欻尔而自造矣。造之非我，理自玄应；化之无主，数自冥运，故不知所以然，而况之神。"此即为儒典道注。

南北朝·四学并立

一代名　儒　光礼乐
更有三　玄　并官学
南朝历　史　多坎坷
华夏斯　文　启新页

◎**四学并立：** 回顾玄学的发展，从正始玄学、竹林玄学、西晋玄学到东晋玄学，不难发现一条线索，何晏是何进之孙与曹操驸马，山涛是晋武帝司马炎司徒，郭象是东海王司马越太傅主簿（司马越为八王之乱最终胜利者），因"清谈误国"导致西晋覆灭的王衍则贵为三公，而注疏《周易》的韩康伯是东晋重臣殷浩外甥。尽管玄学历来被形容为清心寡欲、无为自然，但玄学家们无不是位高权重、野心勃勃者。这也就不难理解，公元438年当玄学与儒学、史学、文学并列，被南朝宋文帝刘义隆立为官学时，为何掌管儒学的雷次宗，早年入庐山在寺庙中学习《三礼》《毛诗》，后过着归耕垄畔、山居谷饮的隐士生活，为一代纯儒；而掌管玄学的何尚之，为东晋骠骑大将军何充之后，官拜丹阳尹，后升至侍中、大夫、开府仪同三司兼中书令。鉴于玄学家们的权位，可想玄学世界中也应不乏学术腐败。◎**三玄：** 作为玄学理论基础的《老子》《庄子》《周易》的合称。

南北朝·孝文汉化

渊裕仁　孝　鲜卑帝
偃武修　文　崇夏礼
革胡为　汉　祀天地
孔教一　化　无夷狄

◎**孝文汉化：**北魏孝文帝所推行的以迁都洛阳为标志的一系列汉化改革，包括制度上的班禄制、三长制、均田制与文化上的革衣服、禁胡语、改姓氏、尊孔子等改革措施。孝文汉化的历史意义有：（一）鲜卑族在入主中原后，仍保持粗犷的游牧统治风格，即魏太武帝可在一怒之下发动灭佛，也能造成国史之狱，甚至诛杀太子，这绝不利于国家长久治理。（二）自太武帝至孝文帝初期，北魏长期处于宦官乱政、太后治国的政治旋涡，又一直徘徊于"子贵母死"的愚昧文化。这就需要儒家"君臣父子"与孝悌文化矫正其政治伦理，孝文帝正深知于此，才大刀阔斧地改革。（三）如果北魏仍立都在平城，则鲜卑只客居中国，虽然有广阔中原地带作为战略纵深，却仍处于守势，不利于南下用兵。只有迁都洛阳才能化客为主，利于南下战略。但迁都于中国腹地，必须拥有中华正朔的文化身份。汉化有利于北魏获得对南方的政治主动权。结合上两条，汉化是解决北魏政治、军事、文化的一揽子办法，势在必行。（四）汉化，或者说中国化，促进了中华文明在各民族间的交流与认同，丰富了作为超民族体的华夏文明的内涵。直接推动了中国的再次统一，功德无量。后世有人竟将孝文帝死后 25 年、历经两代皇帝而因饥荒爆发起义的六镇之乱，张冠李戴指为汉化导致，是对历史的侮辱。

南北朝·皇侃·论语义疏

安国古　论　包咸句
马融训　语　郑玄注
孔圣教　义　南朝思
玄儒通　疏　汇心悟

◎**论语义疏：**《论语集解义疏》，皇侃撰。皇侃在何晏《论语集解》（主引孔安国、包咸、马融、郑玄、王肃注）的基础上，集三国两晋以来名士，如王弼、郭象、范宁、李充等多家注释给《集解》作疏，反映了魏晋南北朝以来对《论语》的普遍认识，带有玄学思想，后北宋邢昺对皇侃《义疏》再疏成为《论语注疏》，是朱熹带有理学色彩的《四书章句集注》之前解读《论语》最权威的注本。◎**皇侃：**南朝梁经学家。◎**包咸：**东汉经学家，汉光武帝刘秀曾诏包咸给太子讲《论语》，是汉明帝刘庄的老师，著有《论语章句》。◎**孔圣：**皇侃称孔子为圣人。《义疏序》："圣师孔子，符应颓周，生鲁长宋，游历诸国。"◎**玄儒通疏：**《论语·述而》："子曰：'窃比于我老彭。'"包咸注为："老彭，殷贤大夫也。"皇侃疏为："老彭，彭祖也，年八百岁，故曰老彭也。"皇侃引《庄子》注《论语》，是玄学的一大表征，也是朱熹修《四书集注》的原因。

南北朝·江陵焚书

万里长　江　水断流
火噬江　陵　典在楼
兵败岂　焚　千古卷
妄读诗　书　一寇仇

◎**江陵焚书**：中国历史上的文化浩劫之一。公元 555 年，南朝梁元帝因兵败被围恼羞成怒，命人将江陵城中自永嘉之乱后收藏的 14 万卷图书全部焚毁，间接导致玄学消亡。玄学消亡的原因大致有：（一）由梁武帝萧衍舍身出家为标志的佛教对中国社会的广泛渗透，导致对佛学世界观的认同，使得抗礼佛教的玄学境地越发尴尬。（二）"侯景之乱"对江南士族门阀的彻底摧毁。（三）江陵焚书对玄学造成不可挽回的损失。（四）作为官宦学术的玄学，缺少佛教、儒学在民间社会广泛的传播力。（五）玄学随着隋唐南北大融合的进程与北方道教的兴起，逐渐淡出历史视野。（六）玄学的思想遗产一部分被道教继承，一部分融入被它注释过的儒家经典中得以流传。
◎**寇仇**：指梁元帝萧绎。《孟子·离娄下》："孟子告齐宣王曰：'君之视臣如土芥，则臣视君如寇仇。'"

隋·刘炫·论语述议

闭户遂　论　连山易

悬志尤　语　屈子诗

抚夷难　述　世途歧

清心独　议　五经意

◎**论语述议**：书名，刘炫撰。已佚。◎**刘炫**：字光伯，隋代最杰出的经学家之一，是过目不忘，精通"七经""十三注"的巨儒，并尝试重写遗失的《连山易》。开皇二十年，隋文帝杨坚为让小儿子杨广当太子，将太子杨勇废为庶人，杀了名将柱国史万岁，又为封天下之口，在一夜之间遣散全国几乎所有儒生（这是隋朝灭亡的间接原因）。刘炫力争上疏，不被采纳。后又作《抚夷论》上疏辽东不可伐，依然不纳。一位如扬雄、郑玄的经学家，竟在隋末动荡中悲惨死去，著作大多亡佚，实在令人唏嘘。◎**屈子诗**：刘炫曾仿屈原《卜居》，作《筮途》自寄。◎**五经意**：王通《中说·周公篇》载："刘炫见子（王通），谈六经，唱其端，终日不竭。子曰：'何其多也？'炫曰：'先儒异同，不可不述也。'子曰：'一以贯之可矣。尔以尼父为多学而识之耶？'"可见刘炫与王通学术思路的不同。

隋·王通·河汾门下

壮哉山	河	守以道
昔洙今	汾	闻史要
群贤龙	门	待子曰
欲平天	下	唯礼教

◎**河汾门下**：隋代王通在黄河与汾水的交汇处（河津、龙门、韩城一带）设馆教学，求学者甚多，唐代房玄龄、杜如晦、魏徵等都曾师从王通，时称"河汾门下"。◎**王通**：字仲淹，隋代儒学家、教育家，以周公孔子传人自居，仿《六经》作《续六经》，拟《论语》作《中说》，世称文中子。◎**壮哉山河守以道**：《中说·王道篇》："子登云中之城，望龙门之关。曰：'壮哉，山河之固！'贾琼曰：'既壮矣，又何加焉？'子曰：'守之以道。'"◎**昔洙今汾**：昔孔子传道于洙水、泗水之间，后洙水改道入汶水，而今王通于汾水之畔传洙泗之道。◎**龙门**：《新唐书·隐逸传》载王通之弟王绩，为绛州龙门人，并附《王通传》。可定王通亦龙门人。◎**子曰**：王通在《中说》中以"子曰"为己说。◎**唯礼教**：《中说·问易篇》："子读《洪范谠议》，曰：'三教于是乎可一矣。'程元、魏徵进曰：'何谓也？'子曰：'使民不倦。'"

唐·魏徵·经史子集

一匡八　经　欲化俗
纵览九　史　研帝谱
百家诸　子　儒道同
诗赋别　集　聚四部

◎**经史子集：**魏徵等在编修《隋书·经籍志》时，第一次将经学、史学、诸子、诗赋别集分为经、史、子、集四类，而后历代史书都以此四分类法为体例，直至清代《四库全书》。◎**魏徵：**字玄成，唐代政治家、史学家、文学家。◎**八经：**《隋书·经籍志》经类中包含的《易》《书》《诗》《礼》《乐》《春秋》《孝经》《论语》。◎**九史：**《隋书·经籍志》史类中包含的正史、古史、杂史、霸史、起居注、旧事、杂传、谱系、簿录。九史与八经，喻九丘八索之意。◎**百家诸子儒道同：**《隋书·经籍志》沿用《汉书·艺文志》范式，将《孟子》《曾子》《子思子》等儒家书目归于子类，与诸子并列，可见只有符合孔子"六艺"范畴，与孔子亲授的《孝经》《论语》被归为经学，后儒传孔子之道，演绎其说，则划为九流十家之中。直到宋明，《孟子》被收入《四书》，归为经学。

唐·颜师古·五经定本

漫漫三　五　多歧路
仁义曾　经　坠泥途
今日重　定　尧舜道
教为邦　本　在师古

◎**五经定本**：书名，颜师古考订。唐贞观四年，唐太宗李世民以经籍去圣久远，文字讹谬，诏颜师古于秘书省考定"五经"，颜师古不负众望，于贞观七年完成"厘正"工作，在经过"太宗复遣诸儒重加详议"审核以后，将其作为唐代官学定本颁行天下，称为《五经定本》。即今日看到的"五经"原文。◎**颜师古**：《旧唐书》载，名籀，字师古；《新唐书》载，名师古，字籀。《颜氏家训》作者颜之推之孙，唐代经学家、历史学家。◎**三五**：三德五道，代指南北朝以来王朝交替中的政治关系与政治伦理。《礼记·中庸》："天下之达道五，所以行之者三，曰：君臣也，父子也，夫妇也，昆弟也，朋友之交也，五者天下之达道也。知、仁、勇三者，天下之达德也，所以行之者一也。"◎**坠泥途**：《旧唐书·萧德言传》："（唐太宗）又遗之书曰：'……自隋季版荡，痒序无闻，儒道坠泥涂，诗书填坑阱。'"

唐·孔颖达·五经正义

茫茫三　五　传火薪
孔教儒　经　导人心
从来乐　正　方身正
疏通礼　义　可维新

◎**五经正义**：唐贞观中，《五经定本》完成，唐太宗李世民遂诏孔颖达等撰《五经义疏》，共一百八十卷，名为《五经正义》。初稿完成时太宗大悦，下诏以"卿等博综古今，义理该洽，考前儒之异说，符圣人之幽旨，实为不朽"重赏诸儒。后又经中书门下与国子三馆博士、弘文馆学士考正，及尚书仆射等就加增损，于唐高宗永徽四年由长孙无忌上《进五经正义表》宣告完成，遂作为唐代官学定本颁行天下。◎**孔颖达**：字冲远，孔子32世孙，唐代经学家、训诂学家、历史学家，被唐太宗赞为"关西孔子"。◎**三五**：月盈月阙，喻时光流逝、世代变迁。《礼记·礼运》："播五行于四时，和而后月生也。是以三五而盈，三五而阙。"◎**乐正方身正**：确立正确的政治文化才能培养正确的政治行为。◎**礼义**：政治制度在历史中的意义，即编纂《正义》的目的。◎**维新**：《诗经·大雅·文王》："周虽旧邦，其命维新。"

五经·毛诗正义

亨公鸿　毛　可钧天
传子删　诗　三百篇
雅乐不　正　淫声起
比兴明　义　咏二南

◎**毛诗正义**：书名，孔颖达撰。孔颖达奉唐太宗李世民之命撰《五经正义》，以毛亨《毛诗故训传》（郑玄笺，王肃注）、陆玑《毛诗草木鸟兽虫鱼疏》为主，修《毛诗正义》。◎**亨公**：毛亨，战国末鲁国人。《毛诗草木鸟兽虫鱼疏》："孔子删《诗》授卜商，商为之序，以授鲁人曾申，申授魏人李克，克授鲁人孟仲子，仲子授根牟子，根牟子授赵人荀卿，荀卿授鲁国毛亨，毛亨作《训诂传》以授赵国毛苌。时人谓亨为大毛公，苌为小毛公。"◎**雅乐**：庄重的音乐，代指良好的健康的政治文化。◎**淫声**：无节制的泛滥之音，代指庸俗的败坏的政治文化。◎**二南**：《诗大序》："《周南》《召南》，正始之道，王化之基。"《毛诗正义序·周南召南谱》："其得圣人之化者谓之《周南》，得贤人之化者谓之《召南》，言二公之德教自岐而行于南国也。"又云："以《周南》王者之化，故称后妃；《召南》诸侯之化，故云夫人。"

五经·尚书正义

唐虞风　尚　汤武典
鲁壁藏　书　安国传
一览三　正　五行序
皇极精　义　在洪范

◎**尚书正义**：书名，孔颖达撰。孔颖达奉唐太宗李世民之命撰《五经正义》，以东晋豫章内史梅赜上孔安国《古文尚书》为底本，主采郑玄注，兼取王肃、马融等注释，修《尚书正义》。◎**唐虞风尚汤武典**：《尚书正义序》："勋华揖让而典谟起，汤武革命而誓诰兴。"◎**鲁壁藏书安国传**：汉武帝时，鲁共王欲毁孔府旧宅，在墙壁夹层里发现写有古文字的竹简，后由孔安国抄写编订成书，却遭遇"巫蛊之祸"，朝廷瘫痪，政局动荡，无暇顾及学术思想。于是安国自传其学，其一为《古文尚书》。◎**三正五行**：《尚书正义·甘誓》："有扈氏威侮五行，怠弃三正。"马融云："建子、建丑、建寅，三正也。"正义曰："五行，水、火、金、木、土也。分行四时，各有其德……某日立春，盛德在木，夏云盛德在火，秋云盛德在金，冬云盛德在水。此五行之德……且五行在人为仁、义、礼、智、信，威侮五行，亦为侮慢此五常而不行也。"◎**皇极**：皇建其有极，《尚书·洪范》箕子九畴之五，是治国安邦最根本的"彝伦攸叙"，即"造福于民，取福于民"的天之子道。福，即九畴之"五福"。

五经·礼记正义

昔为三　礼　今礼记
礼运乐　记　象天地
射者心　正　仁义立
乡饮酒　义　主宾揖

◎**礼记正义**：书名，孔颖达撰。孔颖达奉唐太宗李世民之命撰《五经正义》，以汉末马融传《小戴礼记》为底本，以郑玄注为主、辅以王肃，兼采《大戴》、马融等注修《礼记正义》。◎**三礼**：即《周礼》《仪礼》《礼记》。三者关系为：《周礼》为"体"，记载朝廷的规格、人员与数量；《仪礼》是"履"，记载礼仪活动的器物与过程；《礼记》兼记"体履"，记载制度与典章的意义——人与天地的象征关系，构成了人的存在（社会性"大我"、政治制度、文化行为）价值，与人的崇高所在——这就是"天人合一"的方法论。◎**礼运**：《礼记·礼运》："夫礼，必本于大一，分而为天地，转而为阴阳，变而为四时，列而为鬼神。"◎**乐记**：《礼记·乐记》："发以声音，而文以琴瑟……从以箫管……动四气之和，以著万物之理。是故清明象天，广大象地，终始象四时，周还象风雨。"◎**射者心正仁义立**：《礼记·射义》："故射者，进退周还必中礼，内志正，外体直，然后持弓矢审固……射者，仁之道也。射求正诸己，己正然后发，发而不中，则不怨胜己者，反求诸己而已矣。"◎**乡饮酒义**：《礼记·乡饮酒义》："立宾以象天，立主以象地，设介、僎以象日月，立三宾以象三光。古之制礼也，经之以天地，纪之以日月，参之以三光，政教之本也。"

五经·周易正义

羲卦文　周　孔十翼
变易不　易　连天地
六爻端　正　乾坤起
阴阳有　义　推太极

◎**周易正义**：书名，孔颖达撰。孔颖达奉唐太宗李世民之命撰《五经正义》，以三国魏王弼《周易注》与晋韩康伯《周易注疏》为底本，修《周易正义》。◎**羲卦文周孔十翼**：相传伏羲氏始画八卦，"以通神明之德，以类万物之情"，周文王姬昌于商周之际重爻得六十四卦并作卦辞，孔子于春秋时代作《彖》《象》等《十翼》，阐述义理，发展《易》的社会学、政治学意义。文周，包括文王和周公，周公旦作爻辞。◎**变易不易**：《周易》特有的性质，即可表现从现象、抽象到象征与规律的纯粹思维，又可表现社会变迁、王朝更替的实际思想。◎**爻**：卦中最基本的符号单位，可分为阳爻、阴爻。◎**乾坤**：乾卦与坤卦。由符号"爻"所派生的示意图，是中华民族"抽象思维"的创造力表达。◎**阴阳**：古代中国抽象认知世界的最基本单位。◎**太极**：象征物质与意识的本源。《正义》中取韩康伯玄学化解释，注为"太极即无也"。与宋代理学家周敦颐的太极概念不同，理学认为"太极本无极，无形而有理"。

五经·春秋正义

西狩王　春　夫子述

不言之　秋　左氏注

拨乱反　正　贼臣惧

微言大　义　耀鲁书

◎**春秋正义**：书名，孔颖达撰。孔颖达奉唐太宗李世民之命撰《五经正义》，以晋杜预《春秋左氏经传集解》为底本，汇郑玄、《公羊传》《穀梁传》、贾逵、王肃等多家注释，修《春秋左传正义》。◎**西狩**：西狩获麟。杜预不取《史记》《公羊传》"道穷说"，提出"绝笔说"，即"仲尼伤周道之不兴，感嘉瑞之无应，故因《鲁春秋》而修中兴之教，绝笔于获麟之一句，所感而作，固所以为终也"。◎**不言之秋**：指《春秋》经中没有记录，却被《左传》大量记录的事件。后在宋代掀起"弃传从经"运动。◎**拨乱反正**：《公羊传·哀公十四年》："君子曷为为《春秋》？拨乱世，反诸正，莫近诸《春秋》。"◎**鲁书**：《春秋左传序》："《春秋》者，鲁史记之名也。"

唐·李翱·感知己赋

千默百　感　了语中
先觉后　知　有心同
从道行　己　复性命
一书一　赋　为至诚

◎**感知己赋**：李翱所撰散文，在悲朋友短命、悼知音永逝、流露个人哀伤的同时，也抒发出"昔圣贤之遑遑兮，极屈辱之驱驰。择中庸之难蹈兮，虽困顿而终不改其所为"的"大我"感怀，是以文载道的标志性著作。◎**李翱**：字习之，唐代政治家、儒学家、文学家，认为性善情恶，提出"复性"概念，曾与韩愈一同推进古文运动。◎**先觉**：《复性书》："故圣人者，人之先觉者也。"◎**复性命**：李翱结合《中庸》《大学》《周易》《孟子》义理，阐述"性情"与"复性"概念，"情者妄也，邪也。邪与妄则无所因矣。妄情灭息，本性清明，周流六虚，所以谓之能复其性也"，其中"性"与"情"的定义与理学相似。而其对"致知在格物"的解释，"物者万物也，格者来也，至也。物至之时，其心昭昭然明辨焉，而不应于物者，是致知也，是知之至也"，又仿佛洞开了心学之门。◎**一书一赋**：即《复性书》和《感知己赋》。◎**至诚**：《复性书》载："道者，至诚而不息者也，至诚而不息则虚，虚而不息则明，明而不息则照天地而无遗，非他也，此尽性命之道也。"而其解释中仍带有玄学色彩。

韩愈·楚狂小子

枭秦霸	楚	汉晋唐
谁为儒	狂	道统扬
庭人莫	小	醉歌客
来日君	子	振鲁邦

◎**楚狂小子：**韩愈18岁在其诗《芍药歌》中的自称："一尊春酒甘若饴，丈人此乐无人知。花前醉倒歌者谁，<u>楚狂小子韩退之</u>。"◎**韩愈：**字退之，唐代政治家、儒学家、文学家，首创"道统"概念，主张"文者，载道之器"，倡导"古文运动"，为"唐宋八大家"之首。◎**道统：**《原道》："曰：'斯道也，何道也？'曰：'斯吾所谓道也，非向所谓老与佛之道也。尧以是传之舜，舜以是传之禹，禹以是传之汤，汤以是传之文、武、周公，文、武、周公传之孔子，孔子传之孟轲。轲之死，不得其传焉。'"指构建中华文明核心价值的哲学与政治学的思想传承概念。◎**庭人：**《芍药歌》首句："丈人庭中开好花，更无凡木争春华。"◎**鲁邦：**儒学之邦，即中国。

韩愈·昌黎退之

天上文　昌　人间豪
胸怀兆　黎　排佛表
孔子进　退　猗兰操
师道存　之　石鼓谣

◎**昌黎退之：**韩愈，字退之，自称"郡望昌黎"，又世称"韩昌黎"。◎**天上文昌：**即文昌帝君。中国民间信仰中是主管文运与考试的神明，台湾苗栗县在文昌祠中配祀韩愈。◎**排佛表：**唐宪宗元和十四年，自凤翔法门寺迎佛骨入禁中，韩愈上《论佛骨表》，以"佛本夷狄之人"与孔子曰"敬鬼神而远之"劝谏，激怒宪宗，遂贬韩愈为潮州刺史。◎**猗兰操：**孔子作曲名。蔡邕《琴操》："孔子历聘诸侯，诸侯莫能任。自卫反鲁，过隐谷之中，见芝兰独茂，喟然叹……乃止车援琴鼓之。"◎**师道：**韩愈著《师说》，云："古之学者必有师。师者，所以传道、受业、解惑也。"◎**石鼓谣：**韩愈诗作《石鼓歌》："方今太平日无事，柄任儒术崇丘轲。"

韩愈·论语笔解

杨朱墨　论　乱藩镇
老子佛　语　惑民心
唯有理　笔　注论语
方得通　解　圣人训

◎**论语笔解**：书名，韩愈、李翱合撰，该书以"韩曰、李曰"的"对话"形式，逐条归纳《论语》大义。◎**杨墨、释老**：《昌黎先生集·与孟尚书书》："夫杨墨行，正道废，且将数百年，以至于秦，卒灭先王之法，烧除其经，坑杀学士，天下遂大乱……汉氏已来，群儒区区修补，百孔千疮，随乱随失……而唱释老于其间，鼓天下之众而从之……释老之害，过于杨墨；韩愈之贤，不及孟子。孟子不能救之于未亡之前，而韩愈乃欲全之于已坏之后。"

韩愈·平淮西碑

修齐治　平　韩吏部
一别江　淮　潮州赴
南北东　西　皆悯心
自古丰　碑　记傲骨

◎**平淮西碑：**唐宪宗时为纪念平定淮西藩镇所刻石碑，立于蔡州城外。宪宗命韩愈撰《平淮西文》刻于石碑，由于韩愈碑文"修文偃武"，招致参与平定作战的武臣李愬与其妻唐安公主不满，唐宪宗为"息事宁人"竟下令磨去韩愈文，再命大学士段文昌重新撰文刊石。后至宋代，为纪念韩愈，又将"段文昌文碑"推倒，重刻"韩愈文碑"立于原址。◎**韩吏部：**韩愈晚年官至吏部侍郎，人称"韩吏部"。◎**潮州赴：**韩愈在"谏迎佛骨事件"后，被贬为潮州刺史。

第三辑　宋明理想

四书章句集注

尊五屏　四　论语志
尽书无　书　孟子智
大学华　章　德之门
中庸雄　句　道可体
浩气交　集　明圣心
性理贯　注　演太极

◎**四书章句集注**：简称《四书》，朱熹撰，是对"《大》《中》《语》《孟》"的注释集。朱熹在编撰过程中，广采二程及其弟子的理学观点，又吸收历代名家注疏，并一扫唐至北宋以来儒典玄学与道教衍说的异端内容，是确立程朱理学的标志性著作，也是南宋以后最权威与流传最广的"《大》《中》《语》《孟》"注释读本。需要注意的是，只有包含朱熹集注与章句的《四书章句集注》才能被简称为《四书》。不读含朱熹集注与章句的"《大》《中》《语》《孟》"不能叫读《四书》。◎**尊五屏四**：《论语·尧曰》："子曰：'尊五美，屏四恶，斯可以从政矣。'"◎**尽书无书**：《孟子·尽心下》："孟子曰：'尽信书，则不如无书。'"◎**德之门**：《大学章句》："子程子曰：'大学，孔氏之遗书，而初学入德之门也。'"◎**道可体**：《中庸章句》："尊德性，所以存心而极乎道体之大也。道问学，所以致知而尽乎道体之细也。"◎**明圣心**：《孟子·告子上》："孟子曰：'心之所同然者何也？谓理也，义也。圣人先得我心之所同然耳。故理义之悦我心，犹刍豢之悦我口。'"◎**性理贯注**：《中庸章句》："命犹令也，性即理也。天以阴阳五行化生万物，气以成形，而理亦赋焉，犹命令也。"

程朱理学

日路云　程　道统遥
去紫还　朱　述新尧
格致天　理　正人欲
旷世绝　学　考亭昭

◎**程朱理学：**又名宋明理学，是继先秦儒学、战国黄老学（诸子）、两汉五行象数、魏晋玄学、唐代三教（儒、道、佛）并立后，以儒学为基础，由"北宋五子"奠基开创，后主要经"二程"弟子发展，再由南宋朱熹集大成，以《四书章句集注》立为官学为标志的大一统哲学体系，包含"太极说""心统性情""性即理"三大命题，是解释世界构成、生物衍化与人类意识的古代哲性科学学说。先后被奉为南宋、元、明、清四朝的官方学术理论，传播至朝鲜、日本、越南、琉球等地。程朱理学代表了中华文明对世界的创造性认识，是中华民族带给人类的思想瑰宝。◎**道统：**构建中华文明核心价值的政治学、哲学与哲性科学的思想传承概念。黄干《徽州朱文公祠堂记》："尧、舜、禹、汤、文、武、周公，生而道始行，孔子、孟子，生而道始明，孔孟之道，周、程、张子继之，周、程、张子之道，文公朱先生又继之。"◎**天理人欲：**是理学概念中"道心"（思想中的万物之理）与"人心"（意念中的个人欲望）的另一种表达方式。朱熹所提到的"明天理，去人欲"大意是，（上至天子，下及庶人）在解决具体问题时，应以"事物发展规律"为出发点，而非以"个人利益关系"为出发点。

陆王心学

水天星　陆　宇宙隆

尧舜文　王　与我同

一统身　心　意知物

重解大　学　入孔孟

◎**陆王心学**：同样以儒学为基础，由理学的经学反对派陆九渊开创，后经理学分支（心性派）逐渐发展，至明代王守仁获得突破性进展的"意识论"学说。如果说理学是用世界构成（太极的二气五行）来解释人类意识（性即理），那么心学则是由研究人的意识与思维过程（心外无物、致良知），来指导人的行为过程（知行合一）。陆王心学不承认理学的三大学术支柱，即"太极说""心统性情""性即理"，而是遵循先秦儒学的原始义理作为其学术理论来源，这就是王阳明抛弃朱子《大学章句》，重归《礼记·大学》的原因。心学的最大贡献是用"心即理"替代理学的"性即理"学说，进一步解释人类思维过程，但未能像理学提出一套完整的解释世界构成的理论，且《传习录》涉及大量理学概念，这无疑增添了理解心学的难度，并由此产生了大量歧义，这使得心学无法替代理学，只能充当理学的批评者与理论补充，这也使得心学在王守仁之后迅速没落。与此同时，阳明心学传入日本后却得到发展壮大，成为推动日本历史进程的学术思潮，并促使心学在清末回归中国。

四书·论语集注

十五志　学　七十德
删述育　而　千载哲
仁义不　为　非儒者
君子从　政　思美恶

◎**学而为政**：《论语》中首篇《学而》与二篇《为政》的篇名之合，喻《论语》全书之要义。《论语·颜渊》云："政者，正也。子帅以正，孰敢不正？"故《论语集注·读论语孟子法》载："程子曰：'学者先读《论语》《孟子》，如尺度权衡相似，以此去量度事物，自然见得长短轻重。'"此处亦可见理学"格致"之意。◎**《论语集注》**：朱熹主采程颐与程子门人解释，兼采前儒名家，以理学思想为指导，阐释《论语》意义的注本。◎**十五志学七十德**：《论语·为政》："子曰：'吾十有五而志于学，三十而立，四十而不惑，五十而知天命，六十而耳顺，七十而从心所欲，不逾矩。'"◎**删述**：指孔子删《诗经》述《尚书》。◎**仁义**：儒家思想核心理念，即人的社会性思想与社会性行为。◎**思美恶**：《论语·尧曰》："子张问于孔子曰：'何如斯可以从政矣？'子曰：'尊五美，屏四恶，斯可以从政矣。'"

四书·孟子集注

周游以　告　王道仁

若保赤　子　为烝民

滔滔不　尽　性善论

慷慨儒　心　浩气存

◎**告子尽心**：《孟子》第六篇《告子》与第七篇《尽心》的篇名之合。喻《孟子》全书要义，即《孟子集注·孟子序说》所载："杨氏曰：'《孟子》一书，只是要正人心，教人存心养性，收其放心……《大学》之修身、齐家、治国、平天下，其本只是正心、诚意而已。心得其正，然后知性之善。故孟子遇人便道性善。'"◎**《孟子集注》**：朱熹主采程颐与程子门人解释，兼采赵岐、范祖禹等前儒名家，以理学思想为指导，阐释《孟子》意义的注本。◎**周游以告**：孟子去齐谏宣王、适梁告惠王、自宋见滕文公等倡导国君行仁术的过程。◎**若保赤子**：《尚书·康诰》："若保赤子，惟民其康义。"◎**性善论**：《孟子集注·告子章句上》："人性之善也，犹水之就下也。人无有不善，水无有不下。"此处"人性之善"并非"善良"之意，其理学解释为性即人心之具理，人以天理道心行事，则行无不"善"（发现自身最佳的选择与归宿）。故朱熹释为："此章言性本善，故顺之而无不善；本无恶，故反之而后为恶，非本无定体，而可以无所不为也。"

四书·大学章句

康诰是　格　明德亲

汤铭成　物　日日新

性情一　致　达所止

至善良　知　本我心

◎**格物致知**：《大学》中"三纲八目"的核心概念之一，有程朱理学与阳明心学两种解释。（一）理学解释。《大学章句》："致，推极也。知，犹识也。推极吾之知识，欲其所知无不尽也。格，至也。物，犹事也。穷至事物之理，欲其极处无不到也。"（二）心学解释。王阳明《大学问》："'致知'云者，非若后儒所谓充扩其知识之谓也，致吾心之良知焉耳。良知者，孟子所谓'是非之心，人皆有之'者也。是非之心，不待虑而知，不待学而能，是故谓之良知。是乃天命之性，吾心之本体，自然灵明觉者也……物者，事也，凡意之所发必有其事，意所在之事谓之物。格者，正也，正其不正以归于正之谓也。正其不正者，去恶之谓也。"可见在理学中，格物是致知的前提，二者为递进层次；而心学中，格物是致知的组成部分，二者无先后地包含在一起。◎**《大学章句》**：源于《礼记》，由朱熹增调章节、注释并加入理学解释，是启蒙思想（三纲），揭示求知过程（格致诚正修），解释家国天下政治关系（齐家治国平天下）的哲学著作。◎**康诰**：《大学》载《康诰》曰"克明德"，即"明明德"。◎**汤铭**：《大学》："汤之盘铭曰：'苟日新，日日新，又日新。'"即"新民"。◎**性情**：指张载"心统性情"，即"仁是性，恻隐是情，须从心上发出来"。◎**达所止**：《大学》"止于仁、止于敬、止于孝"等事，即止于至善。

四书·中庸章句

孔子时　中　周道卓
礼乐之　和　缔中国
天地无　为　人自道
戒惧致　用　启诚者

◎**中和为用：**对"中庸"概念的解释。《礼记正义·中庸第三十一》郑（玄）云："以其记<u>中和之</u><u>为用也</u>。"另《中庸章句》："子程子曰：'不偏之谓中，不易之谓庸。中者，天下之正道，庸者，天下之定理。'"◎**《中庸章句》：**源于《礼记》，由朱熹增调章节、注释并加入理学解释，阐述认知意识（天命谓性），把握思维（戒慎恐惧），行使思想（致中和），揭示古代中国对创造力的理解的哲学著作。◎**孔子时中：**《孟子·万章下》："孟子曰：'孔子，圣之时者也。'"《中庸章句·君子中庸章》："仲尼曰：'君子之中庸也，君子而时中。'"◎**礼乐：**代指政治制度与政治文化。◎**天地无为：**《中庸章句·至诚无息章》："不见而章，不动而变，无为而成，天地之道，可壹言而尽也。"◎**人自道：**《中庸章句·诚者自成章》："诚者，自成也，而道自道也。"◎**戒惧：**戒慎恐惧。《中庸章句·天命谓性章》："是故君子戒慎乎其所不睹，恐惧乎其所不闻。"◎**诚者：**《中庸章句·哀公问政章》："诚者，天之道也；诚之者，人之道也。诚者不勉而中，不思而得，从容中道，圣人也。"

五经·易传大全

周孔研　易　思天虑
程义朱　传　通天志
象数广　大　参天变
性命天　全　先天图

◎**易传大全**：《周易传义大全》，明代胡广奉明成祖朱棣之命编纂《五经大全》，以程颐《伊川易传》与朱熹《周易本义》为底本，采《二程遗书》《朱子语类》中易学语录，又合多家注疏修《周易传义大全》，成为明代官学定本颁行天下。◎**思天虑**：《周易·系辞下》："易曰：'憧憧往来，朋从尔思。'子曰：'天下何思何虑？天下同归而殊涂，一致而百虑，天下何思何虑？'"◎**通天志**：《周易·系辞上》："夫易，圣人之所以极深而研几也。唯深也，故能通天下之志。唯几也，故能成天下之务。"◎**象数广大参天变**：《周易·系辞上》："参伍以变，错综其数，通其变，遂成天下之文。极其数，遂定天下之象。"◎**性命天全**：《周易说卦》："昔者圣人之作《易》也，将以顺性命之理，是以立天之道曰阴与阳，立地之道曰柔与刚，立人之道曰仁与义。"◎**先天图**：《伏羲八卦图》，由邵雍发明的重构卦序的八卦图。

五经·书经集传

静夜读　书　望九峰
月在天　经　地义中
三五交　集　参洪范
朱子令　传　四代功

◎**书经集传**：书名，蔡沉撰。朱熹晚年老病，无力完成对《尚书》的训传，特将纲要、范式托于弟子蔡沉，命其完成此书，朱熹隔年病逝。蔡沉承朱熹遗志，发奋十年，著成此书。明代胡广奉明成祖朱棣之命编纂《五经大全》，以《书经集传》为底本修《书大全》，成为明代官学定本颁行天下。蔡沉，号九峰，南宋理学家。其一生不求科举，拒绝出仕，隐居九峰山，世称蔡九峰。◎**三五**：《史记·天官书》："夫天运，三十岁一小变，百年中变，五百载大变……为国者必贵三五。"◎**洪范**：指《尚书·洪范》载洪范九畴。◎**四代**：虞、夏、商、周。《书经集传·序》："四代之书，分为六卷。"◎**功**：勋。《书经集传·卷一》："勋，功也，言尧之功大而无所不至也。"

五经·诗经集传

感物言　诗　咏心寥
雅正文　经　载天道
邦风采　集　行教化
世法永　传　颂庙郊

◎**诗经集传**：书名，朱熹撰。朱熹采郑樵"诗序辨"之说，弃前代唯尊《毛诗序》解《诗经》传统，不拘门户，以切近者为先，并合理学新解。明代胡广奉明成祖朱棣之命编纂《五经大全》，以《诗经集传》为底本修《诗传大全》，成为明代官学定本颁行天下。朱熹，字元晦，南宋理学家、经学家、易学家、史学家、教育家、诗人，师宗"二程"，是程朱理学的集大成者。◎**感物言诗**：《诗经集传·序》："诗者人心之感物，而形于言之馀也。"◎**雅正文经**：四方之风以文经天地。◎**载天道**：《诗经集传·序》："此诗之为经，所以人事浃于下，天道备于上，而无一理之不具也。"◎**邦风采集**：《礼记·王制》："天子五年一巡守……命大师陈诗以观民风。"◎**行教化**：《史记·乐书》："故博采风俗，协比声律，以补短移化，助流政教。"◎**世法永传**：《诗经集传·序》："若夫《雅》《颂》之篇……朝廷郊庙乐歌之词……其作者，往往圣人之徒。固所以为万世法程，而不可易者也。"

五经·礼记集说

法天制　礼　作节文
儒行学　记　敬是伦
三千威　集　仪贯之
必读子　说　哀公问

◎**礼记集说**：书名，陈澔撰。元大儒吴澄赞《礼记集说》"其说礼无可疵"。明代胡广奉明成祖朱棣之命编纂《五经大全》，以《集说》为底本修《礼记大全》，成为明代官学定本颁行天下。陈澔，字可大，元代经学家，其父陈大猷为朱熹三传弟子，宋亡，陈澔不仕，教授乡里，曾主讲于白鹿洞书院两年，世称经归先生。◎**法天制礼**：《礼记·乡饮酒义》："乡饮酒之义：立宾以象天，立主以象地，设介僎以象日月，立三宾以象三光。古之制礼也，经之以天地，纪之以日月，参之以三光，政教之本也。"◎**节文**：《四书集注》："礼者，天理之节文，人事之仪则也。"◎**儒行学记**：《礼记》中有《儒行》《学记》二篇。◎**敬是伦**：《礼记·学记》："大学始教，皮弁祭菜，示敬道也……此七者，教之大伦也。"◎**三千威集**：《中庸章句·大哉圣人之道章》："礼仪三百，威仪三千。"◎**哀公问**：《礼记》哀公问篇，孔子向鲁哀公传授"亲亲之道"。相似的段落还出现在《大戴礼记》和《中庸》中。

五经·春秋胡传

十二王　春　十二公
乱贼伤　秋　天理崩
笔削云　胡　知又罪
康侯誓　传　万世绳

◎**春秋胡传**：又名《胡氏春秋传》，胡安国撰。因北宋王安石废《春秋》不列于学官，胡安国认为不知《春秋》乃乱伦灭理之源，于是为传《春秋》大旨潜心研究二十余年而著成。明代胡广奉明成祖朱棣之命编纂《五经大全》，以《胡传》为底本修《春秋大全》，成为明代官学定本颁行天下。胡安国，字康侯，北宋政治家、经学家、历史学家，也是湖湘学派代表人物胡宏的父亲。
◎**十二王春十二公**：《春秋》每以"春、王正月"为篇首，共记载十二位周王及十二位鲁公的历史。◎**笔削**：《史记·孔子世家》："笔则笔，削则削。"◎**知又罪**：《孟子·滕文公下》："是故孔子曰：'知我者，其惟《春秋》乎？罪我者，其惟《春秋》乎？'"◎**万世绳**：《胡氏春秋传·序》："百王之法度，万世之准绳，皆在此书。"

北宋·司马光·资治通鉴

前史为　资　治道幽
呕心沥　治　地室修
续左传　通　编年体
司马光　鉴　耀千秋

◎**司马光**：号迂叟，北宋政治家、史学家、文学家。◎**资治通鉴**：书名，司马光主编。是一部长篇编年体史书，记载了从战国时期至五代共十六朝一千三百六十二年的历史。宋神宗以该书"有鉴于往事，以资于治道"御赐书名，并作序。◎**地室**：宋王得臣《麈史》载："时司马光亦居洛，于私居穿地丈馀，作壤室。"宋庞元英《文昌杂录》载："司马公居洛，作地室，隧而入，以避暑热。"◎**续左传**：《左传》终于鲁哀公二十七年（前468），《资治通鉴》始于周威烈王二十三年（前403），是承接《左传》。

北宋五子·周敦颐·太极图说

<pre>
无极而 太 阴阳生
动静至 极 复无穷
二五易 图 序万物
儒道通 说 悟元亨
</pre>

◎**北宋五子：** 即周敦颐、邵雍、张载、程颢、程颐的并称，五人开创了宋明理学，也称程朱理学。◎**太极图说：** 周敦颐著，是对其所著《太极图》的解说，诠释太极概念，阐说万物化生之理。需要注意的是，周敦颐所著"阴阳五行"《太极图》与后世流传的道家"双鱼"《太极图》有本质区别。◎**周敦颐：** 号濂溪，北宋政治人物，理学家、宋明理学理论创始人，世称濂溪先生。其发明的《太极图》，是中国自《周易》六十四卦之后，对抽象认识世界、解释世界所做的最伟大的探索。从此华夏文明创造出可以对抗佛教世界观的学说，即解释世界构成、生物衍化、意识与思想的大一统哲学体系。◎**无极而太：**《太极图说》首句："无极而太极。"太极本无极，无形而有理。◎**二五：** 阴阳五行。《太极图说》："阳变阴合，而生水、火、木、金、土。"◎**儒道：** 儒学与理学（道学）。儒学是理学的哲学基础，理学是儒学的思想外延。◎**元亨：** 即乾元，喻万物资始。

北宋五子·邵雍·皇极经世

坐吟三　皇　击壤谣
数推太　极　衍六爻
格理穷　经　参内外
悠悠万　世　问渔樵

◎**皇极经世**：书名，邵雍撰。邵雍先天象数学代表作，是运用周易大衍之数推究天地起源、生物衍化与王朝更替的哲学著作。◎**邵雍**：北宋理学家、易学家、诗人，世称邵康节。◎**三皇击壤谣**：邵雍诗作《三皇吟》《击壤吟》，载于《伊川击壤集》。◎**数推太极衍六爻**：邵雍推导《易经》中太极概念，作《先天八卦图》(也称伏羲八卦)，与"后天八卦"(也称文王八卦)区别开来。最初邵雍的《先天图》与周敦颐的《太极图》并不相通，后由朱熹将二者沟通起来。◎**格理穷经**：即格事物之理以穷经世之道。◎**参内外**：即邵雍撰《皇极经世》《观物内外篇》。◎**问渔樵**：指《渔樵问对》，邵雍所著寓言式哲学作品。

北宋五子·张载·张子正蒙

太虚聚　张　　缊缊形
参两君　子　　自诚明
大中至　正　　经天地
心之启　蒙　　在西铭

◎**张子正蒙**：书名，张载著。是以"太和、太虚、气"为思想，诠释世界构成、生物衍化的哲性科学代表作。书名源自《周易·蒙卦》，取"童蒙求我""蒙以养正"之意。是研究理学的必读书目。◎**张载**：字子厚，北宋理学家、教育家，世称横渠先生。◎**太虚聚张**：《正蒙·太和》："太虚不能无气，气不能不聚而为万物，万物不能不散而为太虚。"◎**缊缊形**：《正蒙·太和》："气块然太虚，升降飞扬，未尝止息，易所谓'缊缊'，庄生所谓'生物以息相吹''野马'者与！"◎**参两**：《正蒙·参两》："地所以两，分刚柔男女而效之，法也；天所以参，一太极两仪而象之，性也。一物两体，气也；一故神，两在故不测。两故化，推行于一。此天之所以参也。"◎**大中至正**：《正蒙·中正》："大中至正之极，文必能致其用，约必能感而通。"◎**西铭**：本《正蒙·乾称》首段，初定名为《订顽》，后在程颐建议下改为《西铭》，阐述"天地之塞，吾其体。天地之帅，吾其性"的理学"循天理"人生观。

182

北宋五子·张载·心统性情

孟子言　心　孔语仁
心仁一　统　三代存
仁体是　性　理万殊
心动为　情　达斯文

◎**心统性情**：张载提出的意识论学说，解释人类意识的运行方式。后经朱熹阐释、发挥成为程朱理学的重要命题。《张子语录·后录下》："性、情、心惟孟子横渠说得好。仁是性，恻隐是情，须从心上发出来。横渠曰'心统性情者也'。"◎**仁体是性**：《张子语录·后录下》："性者，理也。性是体，情是用，性情皆出于心，故心能统之。"◎**理万殊**：指"理一分殊"概念。◎**心动为情**：《张子语录·后录下》："心之中自有动静，静者性也，动者情也。"

北宋五子·二程·伊川明道

设教皋　伊　授业时
名重三　川　帝王师
精微高　明　共精进
从容中　道　二程子

◎**伊川明道**："二程"，哥哥程颢，世称明道先生；弟弟程颐，世称伊川先生。兄弟二人同师从周敦颐，均是北宋理学家、政治家、教育家，是程朱理学的奠基人。◎**设教皋伊**：曾为北宋宰相的文彦博将其在鸣皋镇的庄园赠给程氏，建伊皋书院，不久成为北宋学术重镇，"程门立雪"即发生于此地。元代更名为伊川书院。◎**帝王师**：程颐曾为崇政殿说书，给年幼的宋哲宗讲经，其间上疏了让皇帝给老师赐座的《论经筵事札子》。◎**精微高明**：《中庸章句·大哉圣人之道章》："故君子尊德性而道问学，致广大而尽精微，极高明而道中庸。"◎**从容中道**：《中庸章句·哀公问政章》："诚者，不勉而中，不思而得，从容中道，圣人也。"

北宋五子·程颐·性即理也

天命谓　性　道可教
万物观　即　入心要
格物穷　理　泰不骄
天人一　也　参至妙

◎ **性即理也**：道心即天理。为程朱理学核心概念。是解释物质世界的构成与认知意识世界存在的学说。包含三部分概念：(一) 天理赋性。《四书集注·中庸章句》载："性，即理也。天以阴阳五行化生万物，气以成形，而理亦赋焉，犹命令也。于是人物之生，因各得其所赋之理，以为健顺五常之德，所谓性也。"(二) 道即理。《北溪字义·理》载："道与理大概只是一件物，然析为二字，亦须有分别。道是就人所通行上立字，与理对说，则'道'字较宽，'理'字较实，理有确然不易底意。故万古通行者，道也；万古不易者，理也。理无形状，如何见得？只是事物上一个当然之则便是理。则是准则、法则，有个确定不易底意。"(三) 人心之具理谓性，《北溪字义·性》载："性即理也。何以不谓之理而谓之性？盖理是泛言天地间人物公共之理，性是在我之理。只这道理受于天而为我所有，故谓之性。性字从生从心，是人生来具是理于心，方名之曰性。"所以，"性即理也"用诗意的表达可解释为，人之所以能够理解宇宙，是因为人本身即是宇宙的一部分。

北宋五子·程颢·定性识仁

一人心　定　一川前
水清自　性　人无言
流水不　识　水中面
人面体　仁　同水天

◎**定性识仁**：《定性书》与《识仁篇》，程颢著。是体现程颢理学思想的标志性著作，即圣人应该如何感知意识与认知自我和世界。《定性书》载："所谓定者，动亦定，静亦定，无将迎，无内外。苟以外物为外，牵己而从之，是以己性为有内外也。……夫天地之常，以其心普万物而无心；圣人之常，以其情顺万物而无情。故君子之学，莫若廓然而大公，物来而顺应。"《识仁篇》载："仁者，浑然与物同体，义、礼、智、信皆仁也。识得此理，以诚敬存之而已，不须防检，不须穷索……天地之用，皆我之用。孟子言'万物皆备于我'，须'反身而诚'，乃为大乐。"

北宋五子·程子四箴

动有法　程　静斯专
谦谦君　子　慎独闲
何以绝　四　与圣同
向敬一　箴　亭里看

◎**程子四箴：**程颐撰"视""听""言""动"为"四箴"，借《论语·颜渊》"非礼勿视，非礼勿听，非礼勿言，非礼勿动"之意，告诫学子"克己复礼，非法不道，习与性成，圣贤同归"。

◎**静斯专：**程子《言箴》："人心之动，因言以宣；发禁躁妄，内斯静专。"◎**绝四：**《论语·子罕》："子绝四：毋意，毋必，毋固，毋我。"◎**敬一箴亭：**明世宗嘉靖皇帝曾为《四箴》作注，并自撰"敬一箴"，一同颁行天下学校。岳麓书院得御制《四箴》及世宗亲撰的"敬一箴"，刻石立碑，特建"敬一箴亭"保存。

程门·吕大临·未发问答

子渊犹　未　学语时
仲尼白　发　获麟迟
与叔频　问　良心理
程子坐　答　体用一

◎**未发问答：**吕大临与其师程颐关于"赤子之心"（婴儿的心）展开的辩论。吕认为赤子之心属"未发之中"（《中庸》概念），程颐认为其属"已发之和"（《中庸》概念），后程颐以"体用一原"给出最终裁定。◎**吕大临：**字与叔，北宋理学家、金石学家，师从张载、二程。◎**子渊犹未学语时：**颜回，字子渊，以未学语之幼年颜回喻赤子之心，代指"未发之中"。◎**获麟迟：**《春秋》"西狩获麟"之事，喻孔子至圣于晚年，代指"已发之和"。◎**体用一：**程子曰："心一也，有指体而言者，'寂然不动'是也；有指用而言者，'感而遂通天下之故'是也。"即"已发之和"与"未发之中"互为体用，不可分割。

程门·谢良佐·上蔡语录

人生心　上　自有仁
子困陈　蔡　操而存
庄生谐　语　佛觉处
天理可　录　须去矜

◎**上蔡语录：**由曾恬、胡安国记录的谢良佐语录，后经朱熹删定。◎**谢良佐：**北宋理学家，师从二程，世称上蔡先生。◎**人生心上自有仁：**《上蔡语录》："心者何也？仁是已。仁者何也？活者为仁，死者为不仁。今人身体麻痹不知痛痒，谓之不仁，桃杏之核可种而生者，谓之仁。"◎**子困陈蔡：**孔子陈蔡之厄。◎**操而存：**《孟子·告子上》："孔子曰：'操则存，舍则亡。'"◎**庄生谐语：**《上蔡语录》："故庄子曰：'去智与故，循天之理。'"◎**佛觉处：**《上蔡语录》："佛之论性，如儒之论心。佛之论心，如儒之论意。"（曾恬本：儒之仁，佛之觉。）◎**去矜：**《上蔡语录》："谢子与伊川别一年，往见之，伊川曰：'相别又一年，做得甚工夫？'谢曰：'也只是去个矜字……'伊川点头，因语在坐同志者曰：'此人为学切问近思者也。'"

程门·游酢·程门立雪

心舟云　程　映碧空
书阶衡　门　墨山重
瑟风独　立　危亭月
半天飞　雪　一枝红

◎**程门立雪**：著名儒学典故。《二程外书·传闻杂记》："游、杨初见伊川，伊川瞑目而坐，二子侍立。既觉，顾谓曰：'贤辈尚在此乎？日既晚，且休矣。'及出门，门外之雪深一尺。"◎**游酢**：字定夫，北宋理学家、书法家、太学博士，师从张载、二程，世称廌山先生。

程门·尹焞·和靖处士

深斥议 　和　 述国乱
不齿绥 　靖　 乞归田
重山何 　处　 可安身
一代高 　士　 历岁寒

◎**和靖处士：** 宋钦宗御赐尹焞的号。北宋靖康初年，尹焞被召至京师，不欲留，赐号"和靖处士"。

◎**尹焞：** 宋代理学家、政治家，师从程颐，程颐以尹焞"质直弘毅、实体力行"，言曰："我死，而不失其正者尹氏子也。"◎**深斥议和：** 靖康后，秦桧力主和议，尹焞上疏反对，又移书于桧反对议和。◎**乞归田：** 尹焞不满宋金媾和的绥靖政策，以孔子"陈力就列，不能者止"为念毅然辞官。

北宋·郭茂倩·乐府诗集

汉武长　乐　天马来
唐玄龙　府　凌波开
钟鼓歌　诗　彻天外
百瑞云　集　圜丘台

◎**乐府诗集**：书名，郭茂倩撰。总括历代乐府诗歌，上起陶唐，下迄五代，包含郊庙歌词 12 卷、燕射歌词 3 卷、鼓吹曲词 5 卷、横吹曲词 5 卷、相和歌词 18 卷、清商曲词 8 卷、舞曲歌词 5 卷、琴曲歌词 4 卷、杂曲歌词 18 卷、近代曲词 4 卷、杂谣歌词 7 卷、新乐府词 11 卷，共 100 卷。各卷撰有《解题》，考定乐府演变。◎**郭茂倩**：字德粲，北宋文学家。◎**长乐**：长乐宫。◎**天马来**：《汉书·武帝纪》曰："元鼎四年秋，马生渥洼水中，作《天马之歌》。"又载"太初四年春，贰师将军李广利斩大宛王首，获汗血马来，作《西极天马之歌》。"《汉郊祀歌·天马》云："太一况，天马下。沾赤汗，沫流赭。"◎**凌波开**：指《唐享龙池乐章》，《旧唐书·乐志》载："玄宗龙潜时，宅隆庆坊，宅南坊人所居，忽变为池，望气者异焉。故中宗季年，泛舟池中。玄宗正位，以坊为宫，池水逾大，弥漫数里，因为《龙池乐》以歌其祥。"◎**圜丘台**：指庾信作《周祀圜丘歌》，《隋书·乐志》曰："周祀圜丘乐：降神奏《昭夏》，皇帝将入门奏《皇夏》，俎入、奠玉帛并奏《昭夏》，皇帝升坛奏《皇夏》，初献及初献配帝并作《云门之舞》，献毕奏登歌，饮福酒奏《皇夏》，撤奠奏《雍乐》，帝就望燎位、还便坐并奏《皇夏》。"（据郭茂倩《乐府诗集》卷四，今本《隋书·音乐志》文字与此略有差异）

南剑·杨时·程门立雪

鸢飞二　程　粹言天

鱼跃锡　门　闽学渊

道南中　立　一儒杰

东林晴　雪　杨龟山

◎**程门立雪**：著名儒学典故。《宋史·杨时传》："一日见颐，颐偶瞑坐，时与游酢侍立不去，颐既觉，则门外雪深一尺矣。"◎**杨时**：字中立，号龟山，北宋理学家，师从程颐，与罗从彦、李侗并称"南剑三先生"。◎**鸢飞、鱼跃**：《诗经·大雅·旱麓》："鸢飞戾天，鱼跃于渊。"后被子思引入《中庸·君子之道费而隐章》，以明化育流行，被程子评为："子思吃紧为人处。"◎**粹言**：指杨时编有《二程粹言》。◎**闽学**：指杨时倡道东南，为闽中理学鼻祖。◎**东林**：东林书院，杨时于北宋政和元年创办。◎**锡门**：指当时无锡南门，东林学院建于此处。

南剑·罗从彦·遵尧别录

王道不　遵　国祚颓
安石妄　尧　蔡京贼
挥泪恨　别　靖康耻
二程语　录　可传谁

◎**遵尧别录：**罗从彦撰，系其《遵尧录》的《别录》，是一部反映靖难时期政治思想的著作。专载有司马光论王安石、陈瓘论蔡京的奏疏，申以议论，对王蔡二人进行批判。◎**罗从彦：**南宋理学家，师从杨时，与杨时、李侗并称"南剑三先生"。◎**蔡京贼：**蔡京彼时被斥为"六贼之首"。◎**靖康耻：**北宋靖康二年，金兵南下攻取北宋首都东京，掳走徽、钦二帝及皇族、宫妃、朝臣三千余人，北宋灭亡，史称靖康之变，宋人引以为耻。◎**二程语录：**罗从彦编有《二程龟山语录》一书。

南剑·李侗·延平答问

青峰延　延　绕桑田
绿波平　平　映碧天
静庵坐　答　凌云动
元晦又　问　养气篇

◎**延平答问**：书名，朱熹撰。是朱熹青年时期与其老师李侗探讨经学、儒学概念的书信集。是研究程朱理学的必读书目。◎**李侗**：南宋理学家，师从杨时、罗从彦，后退居山田，谢世四十年，世称延平先生。◎**元晦又问**：《延平答问》："熹又问《孟子》养气一章。"

南宋·郑樵·郑樵通志

欲问毛　郑　何相失
必向渔　樵　夹漈宅
六经汇　通　著奥论
谁与共　志　品四白

◎**郑樵通志：**郑樵撰《通志》，是一部上起三皇、下至隋代的纪传体通史，堪称记录各朝典章制度的百科全书，共二百卷，与唐代杜佑《通典》、元代马端临《文献通考》并称为"三通"。
◎**郑樵：**宋代经学家、史学家、校雠学家。郑樵彻底否定了"子夏、毛公作诗序说"，朱熹在《诗经集传》中继承了此观点。◎**毛郑：**将毛公与郑玄并称以代指《毛诗》(《诗经》)。◎**渔樵：**郑樵，字渔仲，名、字相合为"渔樵"。◎**夹漈宅：**郑樵长期隐居在夹漈山中，谢绝人事，苦研经学，世称夹漈先生。◎**六经汇通著奥论：**郑樵精于"六经"，撰《六经奥论》，详述经学要点。◎**四白：**相传朱熹拜访郑樵时，郑樵因为山居贫苦仅以"四白"(豆腐、白盐、白姜、蕌头)相待，但被朱熹称之为"山珍海味齐全"。二人探讨《诗经》三日三夜。

南宋·胡宏·皇王大纪

上溯三　　皇　　下终周
中贯素　　王　　六艺究
历史浩　　大　　经为脉
天理纲　　纪　　五峰眸

◎**皇王大纪**：书名，胡宏撰，编年体通史，全书分为《三皇纪》《五帝纪》和《三王纪》三部分，记述从盘古开天辟地到周赧王五十九年秦灭周的历史。其上古史取皇甫谧《帝王世纪》并以张载"太和"概念加以解释，甚为特殊。胡宏有历史发生学眼光，将经学发展与历史发展相结合，但也造成有的章节过于浩大，另一些有史无经。且孔、孟、老、庄、荀并举，甚少引程子言，此可探"湖湘学"史学维度。◎**胡宏**：号五峰，胡安国之子，北宋史学家、经学家，世称五峰先生，湖湘学派开创人。

朱子·朱熹元晦

每读程	朱	语类篇
犹参星	熹	满坤乾
理气开	元	继道统
集注释	晦	垂典范

◎**朱子**：名熹，字元晦，南宋理学家、经学家、易学家、史学家、教育家、诗人，师从"二程"的三传弟子李侗，是宋明理学与经学的集大成者。朱熹的思想成就如下：（一）朱熹将周敦颐太极学、张载气学、二程性理学、邵雍先天象数学与杨时、李侗的闽学相结合，标志着程朱理学大一统的哲学架构的完成。（二）朱熹与同时代的胡宏、张栻湖湘经史派，吕祖谦金华经世派，陆九渊心学派，陈亮、叶适事功派等进行了广泛的学术沟通与交流，可以说朱熹是宋代哲学的"十字路口"。（三）在经学上，朱熹的《四书章句集注》将儒学提升到一个全新的高度，成为后世"《大》《中》《语》《孟》"最权威注本，而其编撰的《诗经集传》与《周易本义》与委托弟子编定的《书经集传》都收录于明代《五经大全》，成为旷世经典。（四）在教育上，朱熹重建了白鹿洞书院与岳麓书院，并制定学规。此外朱熹还著有大量理学、史学、文学、蒙学、政治学著作。（五）朱子的学术思想总结在《朱子语类》中，他直白又幽默的谆谆教诲闪烁着思想的光芒，不断给后世以启迪。纵观其一生，朱熹不但是程朱理学的集大成者，更是经学、史学、教育学乃至中华文化的集大成者。无怪乎南宋著名诗人辛弃疾，在给朱熹的祝寿诗《寿朱晦翁》中写道："先心坐使鬼神伏，一笑能回宇宙春。历数唐尧千载下，如公仅有两三人。"

朱子·岳麓书院

敬夫南　岳　拜五峰
元晦云　麓　论中庸
靖康难　书　唯明道
潇湘书　院　光邹鲁

◎**岳麓书院**：中国四大书院之一。北宋真宗御书"岳麓书院"匾额。1167年朱熹来岳麓访问张栻，举行了"朱张会讲"。◎**敬夫**：张栻，字敬夫，与朱熹、吕祖谦并称"东南三贤"，主讲于岳麓书院，为湖湘学派代表人物。◎**五峰**：张栻师从胡宏，胡宏居衡山之下，人称"五峰先生"。◎**论中庸**：南宋孝宗乾道三年丁亥（1167），38岁朱熹会张栻讨论经学。清代王懋竑《朱子年谱》载："（朱熹）八月访南轩张公敬夫于潭州……二先生论《中庸》之义，三日夜而不能合。"◎**靖康**：靖康之变。

朱子·寒泉精舍

建阳岁　寒　太极说
武夷飞　泉　九曲歌
庐山日　精　白鹿洞
沧州竹　舍　立圣哲

◎**寒泉精舍：**南宋孝宗乾道六年庚寅（1170），朱熹41岁，葬母于福建建阳寒泉林天湖之阳，并在墓旁构筑精舍，守孝治学，即寒泉精舍。清代王懋竑《朱子年谱》："六年庚寅，四十一岁。春正月，葬祝孺人。墓在建阳县崇泰里后山天湖之阳，名曰寒泉坞，自作《圹记》。"◎**太极说：**朱熹在寒泉为母亲守丧期间哲思迸发，撰有《资治通鉴纲目》《伊洛渊源录》《近思录》《论语孟子集注》《论语孟子或问》，初步完成其学术体系的建构。◎**建阳、武夷、庐山、沧州：**指建阳县寒泉精舍、武夷精舍（又名紫阳书院）、庐山白鹿洞书院、沧州竹林精舍，朱熹在这些处所著书立说，讲学论道，是为"朱门圣地"。◎**九曲歌：**朱熹诗歌代表作《九曲棹歌》。该歌描写武夷山风景，其中"第九曲"为："九曲将穷眼豁然，桑麻雨露见平川。渔郎更觅桃源路，除是人间别有天。"◎**日精：**太阳的精华。朱熹别号紫阳先生。

朱子·朱子语类

孔孟程　朱　是吾宗
志士学　子　必相从
了了数　语　解百思
有教无　类　务诚正

◎**朱子语类**：书名，朱熹回答弟子问学、讲解哲学思想的语录汇编。由朱门弟子分别存录，其间经多家刊刻、增刊，后经南宋黎靖德最终编辑而成。涉及理气性理、四书五经、儒学史、理学史、历代史、国朝史等各方面内容，是体现朱熹思想的集成式著作。◎**有教无类**：《论语·卫灵公》："子曰：'有教无类。'"◎**诚正**：诚意正心。《朱子语类·大学·经下》："诚意正心章，一说能诚其意，而心自正；一说意诚矣，而心不可不正。"阐释"正心在诚意"之意。

朱门·蔡元定·律吕新书

历数制　律　正八音
黄钟大　吕　天地心
君子日　新　因雅乐
萧瑟难　书　西山吟

◎**律吕新书：**书名，蔡元定撰。是一部乐理学专著，首次提出十八律理论。◎**蔡元定：**号西山，南宋理学家、堪舆学家、律吕学家，师从朱熹，亦徒亦友，被誉为朱门领袖。◎**历数制律：**即以三历十二辰，得黄钟之实。◎**八音：**《周礼·春官·大师》："八音：金、石、土、革、丝、木、匏、竹。"◎**黄钟大吕：**《周礼·春官·大司乐》："乃奏黄钟，歌大吕，舞《云门》，以祀天神。"郑玄注为："以黄钟之钟，大吕之声为均者，黄钟阳声之首，大吕为之合。"◎**西山吟：**蔡元定诗《自咏》，云："独抱韦编过客稀，箪瓢不厌屡空时。幽然自与庖羲近，春去人间总不知。"

朱门·黄干·中庸总论

万仞空　中　一轮秋
千载登　庸　道统留
体用总　总　格物志
修竹好　论　考亭幽

◎**中庸总论**：书名，黄干撰。概括论述《中庸》要领的文章，另撰有《中庸总说》。◎**黄干**：号勉斋，南宋理学家、教育家，师从朱熹，亦朱熹之婿，曾协助朱熹编订《家礼》，深得朱熹赏识，朱熹病重时以手稿相托以示"衣钵"。弟子有何基，创北山学派。◎**万仞**：万仞宫墙。喻圣学门第之高。◎**登庸**：《尚书·尧典》载："帝曰：畴咨若时登庸。"代指尧传位于舜（舜亦尧之婿）是道统之传，后又有孔、孟、程、朱，是千载不灭矣。◎**道统留**：黄干撰《朱子行状》，以"绍道统、立人极，为万世宗师"评价朱熹的地位。◎**考亭幽**：代指黄干继承朱子考亭学派。

朱门·陈埴·器之木钟

珏瑚宝　器　晦翁门

六经缀　之　四端循

学如攻　木　先其易

教若撞　钟　道鸣深

◎**器之木钟：**陈埴，字器之，撰《木钟集》。◎**陈埴：**南宋理学家、经学家，少师叶适，后转投朱熹门下。◎**珏瑚：**宗庙礼器。孔子曾以"珏瑚之器"喻子贡，今以"木钟"比陈埴。◎**六经缀之四端循：**以孟子"四端说"为"六经"门路，陈埴撰《四端说》。◎**攻木、撞钟：**《礼记·学记》："善问者，如攻坚木，先其易者，后其节目，及其久也，相说以解；不善问者反此。善待问者，如撞钟，叩之以小者则小鸣，叩之以大者则大鸣，待其从容，然后尽其声。"

朱门·陈淳·北溪字义

天南海　北　学中舟
夜泊龙　溪　如月钩
天上一　字　地一秋
谁解其　义　在西楼

◎**北溪字义**：书名，又名《四书字义》《四书性理字义》，陈淳晚年讲学口授，由其门人王隽笔录整理而成，对理学中出现的重大概念和学术命题进行了概括性阐述，相当于一本理学的哲学名词解释词典。是研究理学的必读书目，可以说读不懂《北溪字义》就理解不了理学。◎**陈淳**：号北溪，南宋理学家，师从朱熹，被朱熹赞为："南来，吾道喜得陈淳。"◎**龙溪**：陈淳是漳州龙溪人。

南宋·吕祖谦·鹅湖之会

祖谦爱　鹅　群名贤
铅山鹅　湖　论尧前
若得退　之　身尤在
与熹同　会　陆九渊

◎**鹅湖之会：**吕祖谦邀集一众学友学子在江西上饶铅山县鹅湖寺相聚切磋，其间朱熹与陆九渊因学术观点分歧进行了短时间的辩论，后世称之为"鹅湖之会"。关于当时会议的记载有：（一）《象山全集》载："鹅湖之会论及教人，元晦之意，欲令人泛观博览而后归之约，二陆之意，欲先发明人之本心而后使之博览，朱以陆之教人为太简，陆以朱之教人为支离，此颇不合先生，更欲与元晦辩以为尧舜之前何书可读，复斋（陆九龄）止之。"（二）《东莱集》载："复同朱元晦至鹅湖，与二陆及刘子澄诸公相聚切磋，甚觉有益，元晦英迈刚明而工夫就实……子静（陆九渊）亦坚实有力，但欠开阔耳。"（三）《东莱集》又载："尝为子静详言之讲贯诵绎，乃百代为学通法，学者缘此支离泛滥，自是人病，非是法病，见此而欲尽废之，正是因噎废食。"◎**吕祖谦：**世称东莱先生，南宋理学家、教育家，创金华学派，与朱熹合编有《近思录》。

南宋·陆九渊·象山九渊

宇宙万　象　即心田

荆门蒙　山　鸣惠泉

经六畴　九　皆注我

尽性云　渊　孔孟前

◎**象山九渊**：陆九渊因讲学于江西贵溪应天山的"象山精舍"，被称为"象山先生"，又称其为"陆象山"。◎**陆九渊**：字子静，南宋哲学家、经学家，陆王心学代表人物。◎**宇宙万象即心田**：陆九渊心学名言："宇宙便是吾心，吾心即是宇宙。"此句话绝非意味着"宇宙在我心里"，此"宇宙"之意为"上下四方曰宇，往古来今曰宙"。所以"宇宙便是吾心"大意为，这天地上下、古往今来的一切，都逃不出我心（思想意识）对它们的认识。◎**荆门蒙山鸣惠泉**：陆九渊曾任荆门知军，治绩显著，可惜英年早逝，送葬时百姓多达数千人，为纪念陆九渊，人们将荆门的"蒙山"改名为"象山"。蒙山上有惠泉，泉水声喻象山之哲思。◎**经六畴九皆注我**：《象山全集·语录上》："学苟知本，'六经'皆我注脚。"其大意为，"六经"为思想服务，思想不可为累牍拖累。一旦我领悟了"六经"所蕴含之思想，并放诸万事万物，那便是我的言行都符合于经典，经典也默默地成为我行动的注释。

南宋·陈亮·中兴五论

龙在人	中	虎在文
且道中	兴	待帝闻
酌古三	五	王霸略
与熹书	论	共斟今

◎**中兴五论**：陈亮因反对南宋与金朝媾和，以布衣身份向朝廷上疏的纵论"强国之道"的倡议书，事载于《宋史》。◎**陈亮**：号龙川，南宋政治人物，绍熙四年状元，创立重"事功"的永康学派。◎**龙在人中虎在文**：陈亮有豪杰气质，尝以"人中之龙，文中之虎"自居，也曾赞朱熹为"人中之龙"。◎**酌古**：陈亮好谈刘秀、孔明等中兴成败大事，撰《酌古论》。◎**王霸略**：陈亮多次与朱熹就"王霸义利"书信辩论。

南宋·叶适·习学记言

儒风习　习　永嘉天
经世之　学　致用先
开禧战　记　随云散
事功豪　言　有雄篇

◎**叶适：**南宋政治人物、文学家，永嘉学派代表，倡导经世致用，曾在党争中撰写替朱熹辩护的《辩兵部郎官朱元晦状》。◎**习学记言：**书名，叶适撰，是反映其"永嘉学派"学术立场的代表作，对先秦以来的经学、儒学、史学、诸子学进行广泛评说，以探讨经世致用之术。◎**永嘉天：**叶适系温州永嘉人，被罢官后返回原籍著述讲学十余载。◎**开禧战记：**宋宁宗开禧二年，权臣韩侂胄北伐抗金失利，被史弥远密谋杀害，促成宋金"嘉定和议"，叶适因被认为是韩侂胄党羽而被弹劾夺官。

南宋·真德秀·大学衍义

天理为　大　首格物
传心之　学　明帝术
端平更　衍　思北伐
西山经　义　光程朱

◎**大学衍义：**书名，真德秀撰。是一部帝学，即皇帝的教材。是以《大学》为纲，以格致、诚正、修齐为篇名，摘录"五经四书"与史书典籍，附以解说，以申治国、平太下的帝王之道。其中大量出现"朱熹曰"，与孔孟并列，提升了程朱理学的官方地位。◎**真德秀：**号西山，南宋理学家、政治家，程朱理学的继承者、光大者，世称"真西山"。◎**传心：**《大学衍义·序》："既又考观在昔帝王之治，未有不本诸身而达之天下者，然后知此书（《大学》）所陈，实百圣传心之要典，而非孔氏之私言也。"◎**端平更衍：**即端平更化，史弥远死后宋理宗亲政，采取一系列改革措施，极大地提振了理学的官学地位。

南宋·王应麟·困学纪闻

铅山无 　困　 疏做路
玉海为 　学　 注成桴
经史百 　纪　 一鸿儒
启蒙必 　闻　 人之初

◎**困学纪闻：**书名，王应麟撰。考据型学术札记，涉及经学、儒学、史学、诸子学等知识，与沈括《梦溪笔谈》、洪迈《容斋随笔》并称宋代三大笔记。◎**王应麟：**南宋经学家、史学家、博物家、教育家，学宗朱熹，南宋灭亡后，隐居著书。◎**玉海：**书名，王应麟撰。类书，共二百卷，分天文、地理、官制、食货等二十一门，是一部古代百科全书。◎**人之初：**代指《三字经》，王应麟撰。是中国家喻户晓的传统蒙学教材。其首句"人之初，性本善。性相近，习相远"，融合了孔子的"性相近也，习相远也"与孟子的"人性之善也，犹水之就下也。人无有不善，水无有不下"。但正由于其蒙学教材属性，其"本善"之意往往用"善良"解释，这并非孟子"性善论"之含意。"性善论"之"性"指思想意识，"善"指人运用思想能作出最佳判断。

北山·何基·潜夫井铭

君子龙	潜	伴澜微
慎独工	夫	映月辉
五星聚	井	寒泉美
沐我汤	铭	有发挥

◎**潜夫井铭：** 何基作四言诗，取"以井喻德，策己日新"之意。◎**何基：** 号北山，南宋经学家，师从黄干，创北山学派，与王柏、金履祥、许谦并称"北山四先生"。◎**五星聚井：**《史记·天官书》载："汉之兴，五星聚于东井。"此处代指黄干、何基、王柏、金履祥、许谦师徒五人，可以兴道。◎**寒泉美：**《潜夫井铭》："我卜斯井，寒泉之食。"◎**有发挥：** 何北山著作颇丰，且多以"发挥"命名，撰《大学发挥》《中庸发挥》《系辞发挥》《近思录发挥》等，只可惜几乎全部散佚，但仍可从他弟子的著作中一睹"北山学派"之壮阔。

北山·王柏·诗辨书疑

稽古论　诗　谁称雄

驰思腾　辨　意纵横

斗酒琴　书　豪杰客

啸虎奚　疑　胜卧龙

◎**诗辨书疑**：王柏撰《诗辨》（诗十辨）和《书疑》，是对《诗经》与《尚书》篇目及概念进行质疑与分析的著作，是研究经学的重要书目。◎**王柏**：号鲁斋，南宋经学家、书画家、诗人，师从何基，是琴书诗画无所不能的豪杰之儒，是南宋"疑古派"的中坚力量。◎**啸虎**：王柏少慕诸葛亮，自号长啸，三十岁后以为"长啸非圣门持敬之道"，改号鲁斋。

北山·金履祥·通鉴前编

经史感　通　语孟说
丹书金　鉴　朱凤歌
仁山月　前　心镜澈
濂洛新　编　兰溪波

◎**通鉴前编**：书名，金履祥撰。编年体通史。恪守儒家史学观、理学观，上自唐尧，下接于《资治通鉴》，虽也涉及三皇之事，但不列正文。正文之史，务求简练，注释之经，概括翔实；孔、孟、程、朱之语并举，按以履祥自评，这是《通鉴前编》与胡宏《皇王大纪》的主要区别。◎**金履祥**：宋末元初经学家、史学家、博物学家，初受学于王柏，后与王柏同投何基门。◎**语孟说**：金履祥撰《论语孟子集注考证》。◎**仁山**：金履祥隐居于金华仁山下著书讲学，时称"仁山先生"。◎**濂洛新编**：金履祥编《濂洛风雅》，是一部理学家诗选集。◎**兰溪**：金履祥系浙江兰溪人。

北山・许谦・读书丛说

◎**读书丛说**：书名，许谦撰，诠解《尚书》的著作，多引蔡沉、金履祥观点，朱子言论辅以己说，全篇概括凝练，是研究《尚书》的必读书目。◎**许谦**：元代经学家，师从金履祥，另著有《读四书丛说》。◎**见玄武**：将何基比潜龙，王柏比啸虎，金履祥比朱凤，许谦是为玄武，喻其深藏不露之意。◎**名物诗书**：许谦撰《诗集传名物钞》，考《诗经》名物。◎**复性图**：许谦撰《复性图》。◎**八华玉丛蛰居处**：许谦有眼疾，后迁至浙江东阳八华山讲学，撰《八华讲义》及《学规》，授业 40 年，弟子数千人。◎**白云**：许谦号白云山人，世称白云先生。

元·吴澄·草庐精语

德风德	草	夷夏同
汉地穹	庐	旷古星
朱陆研	精	思自立
纂言万	语	传五经

◎**草庐精语：** 书名，吴澄撰。诠释为学大旨的语录，有合流朱陆之势，载于《宋元学案》。◎**吴澄：** 元代理学家、经学家、史学家、教育家，师宗朱熹，因著书的茅屋被程钜夫题名"草庐"，时称草庐先生。吴澄是元代大儒，时与许衡齐名，有"南吴北许"之称。◎**德风德草：**《论语·颜渊》："君子之德风，小人之德草。草上之风，必偃。"◎**研精：** 吴澄语："物之格在研精，意之诚在慎独。"◎**思自立：** 吴澄认为"朱陆二师之为教，一也"，但朱陆门人各立标榜、互相诋訾，慨叹道之无传，提出"为人子孙者，思自立而已矣……盛衰兴替亦何常之有，惟自立之为贵"的主张。◎**纂言：** 吴澄撰《五经纂言》，是解释《周易》(两部)、《尚书》、《礼记》、《春秋》的著作。

元·许衡·大中直解

明明德　大　善可觉
弘道为　中　理做节
浩气养　直　斯文业
通俗句　解　振儒学

◎**大中直解：**许衡撰《大学直解》和《中庸直解》，系以通俗的由浅入深的方式解释《大学》《中庸》的章句式著作，是不可多得的"四书"类解释读本。◎**许衡：**元代大儒，经学家、蒙学家，北方理学集大成者，元世祖忽必烈亲诏许衡，并授国子祭酒。时与吴澄齐名，有"北许南吴"之称。◎**明明德：**即《大学》"明明德，亲民，止于至善"，是"明德"方可"觉善"。◎**弘道为中理做节：**以理（未发之中）弘道（已发之和）皆可"中节"。◎**浩气养直：**《孟子·公孙丑上》："我善养吾浩然之气……以直养而无害。"

元·程复心·四书章图

元代学　林　第一儒
徽州市　隐　绘章图
道承二　程　贯朱子
立象繁　复　注四书
天理仁　心　孔孟谱

◎**四书章图**：书名，程复心撰。以"析章为图"的方式对朱熹《四书章句集注》作图解式阐发，是"四书"学中最独特的著作。由程钜夫、赵孟頫等作序。◎**程复心**：号林隐，元代硕儒，隐居徽州婺源，元仁宗屡召程复心，复心不仕，世称"林隐先生"，除《章图》外还撰有《孔子论语年谱》《孟子年谱》。在今日韩国，家喻户晓的儒学泰斗李滉（李退溪，相当于韩国的朱子），在他最著名的《圣学十图》中直接引用了程复心的《西铭图》《心统性情图》与《心学图》。而今李滉的肖像被印在1000元面值的韩币上，可在中国知程复心者却寥寥无几，令人唏嘘！

元·郭居敬·二十四孝

曽子立　孝　明爱敬
闵损鞭　感　芦花痛
百里缨　动　仲由米
德在苍　天　有始终

◎**二十四孝**：书名，元代郭居敬等编撰，讲述历史名人的行孝故事。后多为配图印本，故又称《二十四孝图》。◎**孝感动天**：《二十四孝》(或《全相二十四孝诗选》)首篇《孝感动天》，讲述了虞舜的父母与弟弟，多次想置舜于死地，而舜每次逃脱后都毕恭毕敬面对父母兄弟，舜的举动感动了上天，尧也因此传位于舜的故事。◎**曽子立孝**：指曽子撰《孝经》，亦指《大戴礼记·曽子立孝》。◎**明爱敬**：出自《孝经》："子曰：'爱亲者，不敢恶于人；敬亲者，不敢慢于人。爱敬尽于事亲，而德教加于百姓，刑于四海。盖天子之孝也。'"◎**芦花痛、仲由米**：指闵子骞"芦衣顺母"和子路"百里负米"的故事，均出自《二十四孝》。◎**有始终**：《孝经》："子曰：'身体发肤……孝之始也。立身行道，扬名于后世……孝之终也。夫孝，始于事亲，中于事君，终于立身。'"

明·宋濂·萝山吟稿

寒士青	萝	潜溪波
元史玄	山	通銮坡
七步清	吟	刺洪武
五经断	稿	夔门客

◎**萝山吟稿：** 书名，又名《萝山集》，宋濂的诗歌集。◎**宋濂：** 号潜溪，明初经学家、史学家、文学家，主修《元史》，被明太祖朱元璋誉为"开国文臣之首"。◎**潜溪、銮坡：** 代指宋濂所撰《潜溪集》《銮坡集》。《潜溪集·六经论》载："《六经》皆心学也。心中之理无不具，故《六经》之言无不该。《六经》所以笔吾心之理者也，是故说天莫辨乎《易》，由吾心即太极也；说事莫辨乎《书》，由吾心政之府也；说志莫辨乎《诗》，由吾心统性情也；说理莫辨乎《春秋》，由吾心分善恶也；说体莫辨乎《礼》，由吾心有天叙也；导民莫过乎《乐》，由吾心备人和也。人无二心，《六经》无二理，因心有是理，故经有是言。"可一窥明初理学发展状态与宋濂治学倾向。
◎**刺洪武：**《明史·宋濂传》"尝奉制咏鹰，令七举足即成，有'自古戒禽荒'之言。帝忻然曰：'卿可谓善陈矣。'"◎**五经断稿夔门客：** 宋濂精通"五经"，被尊为五经师，受朱元璋器重，但陷胡惟庸案，坐死罪，经马皇后及太子朱标力保，免死，全家流放四川茂州，途中病逝于奉节。

明·方孝孺·逊志斋集

格高言　逊　帝王师
周礼为　志　比伯夷
深虑书　斋　参北斗
殉道义　集　天地气

◎**逊志斋集：** 书名，方孝孺的诗文集。方孝孺死后，朱棣欲销毁其所有的著作，有敢藏匿者死罪，但还是有弟子冒死将其文章保存下来编纂成书。◎**方孝孺：** 号逊志，明代政治家、经学家、文学家，因在靖难后拒绝与朱棣合作，被处以极刑，殉道而死。◎**帝王师：** 方孝孺为建文帝的老师，建文帝极敬重方孝孺。◎**伯夷：** 商臣，商亡后不食周粟，饿死首阳山，被孟子称为"圣之清者"。◎**深虑：** 方孝孺著有《深虑论》，述家国天下之道。◎**参北斗：** 方孝孺诗作《谈诗五首》："手操北斗调元气，散作桑麻雨露恩。"

明·胡广·性理大全

养心定　性　在西铭
格物穷　理　太极中
何以光　大　孔孟道
程朱双　全　可传经

◎**性理大全**：书名，明永乐十二年，明成祖朱棣命胡广等编纂，共七十卷，并亲自作序，是一部记述程朱理学核心思想、理学家与著作、道统诸儒、小学诸子，甚至君道的哲学史汇编，是明代解释世界构成与人类意识的官方主流哲学科学著作。后于清代重新编修，更名为《御纂性理大全》，由康熙帝作序。是研究理学与古代思想史必读书目。◎**胡广**：明代政治家、理学家、经学家、文学家，奉明成祖之命编纂《五经四书大全》与《性理大全》。

明·曹端·月川交辉图

考亭素　月　洙泗风
伊洛山　川　夜烛行
天人之　交　成宇宙
此情此　辉　古今同
濂溪极　图　横渠铭

◎**月川交辉图：**曹端的画作与配诗，形象化地体现了"理一分殊"思想，《曹月川集》载："(曹端) 晚年有得于太极之旨，为《月川交辉图》以喻其妙，其图天上一月，川中九月，诗曰：'天月一轮映万川，万川各有月团圆。有时川竭为平地，依旧一轮月在天。'所以喻夫统体各具之太极，与万感之俱寂，而一理之常存也。"即《太极通书·理性命》："二气五行，化生万物。五殊二实，二本则一。是万为一，一实万分。万一各正，小大有定。"《朱子语类》解为："如月映万川相似。"◎**曹端：**字正夫，号月川，世称月川先生，被誉为明初理学之冠，以周濂溪、张横渠为宗，著有《通书述解》《西铭述解》等。◎**夜烛行：**代指曹端著《夜行烛》，阐释"明孝保身，明道息邪"的思想以辟佛教邪说。

明·薛瑄·兰陵怀古

竹倚墨	兰	幽满亭
风晚杜	陵	武侯星
抱书常	怀	洙泗月
排律修	古	复性情

◎**兰陵怀古**：薛瑄诗作。是在荀子墓前的感怀诗。◎**薛瑄**：明代政治人物、理学家、文学家、教育家，创河东学派，世称"薛河东"。◎**杜陵**：薛瑄缅怀杜甫，曾游杜甫草堂，著《游草堂记》。◎**武侯**：即诸葛亮。薛瑄慕孔明，有诗《诸葛武侯庙十首》。◎**复性情**：薛瑄治学主张复性。《明史·薛瑄传》："瑄学一本程朱，其修己教人，以复性为主……尝曰：'自考亭以还，斯道已大明，无烦著作，直须躬行耳。'"

明·张楷·孔子圣迹图

犹闻周　孔　木铎声
七十弟　子　每相逢
超凡至　圣　素王业
周流神　迹　先师功
百感诗　图　夫子容

◎**孔子圣迹图：**张楷修《孔子圣迹图》，是现存有记载的年代最早的《孔子圣迹图》。初以石刻连环画的形式反映孔子生平事迹，典故多出《论语》《史记》《孔子家语》等，配有图解与赞美诗，后刊印成册，成为宣扬孔子伟迹的通俗读本。◎**张楷：**明朝政治人物、诗人。◎**木铎：**以木为舌的大铃，铜质。古代宣布政教法令时，巡行振鸣以引起众人注意。

四斋·吴与弼·康斋日录

又梦南　康　紫阳颜
焚香山　斋　对月弦
洗心日　日　读书处
一思一　录　外南轩

◎**康斋日录：**书名，吴与弼著，相当于个人日记，记录了碎片式的哲学感悟。◎**吴与弼：**号康斋，明代理学家、诗人。青年时读朱子《伊洛渊源录》遂弃科举，笃志纯学，玩味于"四书五经"、诸儒语录，曾两年不下书楼。其学不泥章句，不拘问学，多以诗歌为主，着眼于日用中哲性思考与审美体验，创崇仁学派，弟子有陈献章、胡居仁、娄谅等。◎**又梦南康紫阳颜：**即《日录》记载，其梦见朱子的经历，朱子曾知南康军。◎**洗心：**《周易·系辞上》："圣人以此洗心，退藏于密。"另见吴与弼《康斋集·浣斋记》。◎**外南轩：**吴与弼读书、作诗之所。

四斋·陈献章·白沙语要

石上茅　白　江上槎
独坐堤　沙　数寒鸦
江风欲　语　江门月
都随心　要　入儒家

◎**白沙语要：**书名，陈献章著。一部探讨理学治学的哲性随笔，结尾处呼吁"学者以自然为宗"。

◎**陈献章：**号石斋，师从吴与弼，明代理学家、书法家、诗人，创江门学派，由于是广东新会白沙里人，世称陈白沙。◎**石上茅白：**《广东新语》："白沙喜用茅笔，所居圭峰，其茅多生石上，色白而劲，以茅心束缚为笔，作字多朴野之致。"◎**江上槎：**《论语》："子曰：'道不行，乘桴浮于海。'"◎**独坐堤沙：**陈献章受学吴康斋后返回江门，不再科举，杜门冥道，数年不出。◎**江门月：**即江门钓台之月，后将"江门钓台"作为衣钵传于弟子湛若水。

四斋·胡居仁·归儒峰记

百鸟知　归　人岂颓
辟佛兴　儒　韩子威
五老青　峰　居业处
三泉铭　记　白鹿规

◎**归儒峰记：**书名，胡居仁著。记录与友人将"禅师岭"更名为"归儒峰"的过程，抒发对理学思想的感慨和对"杨墨佛老"的批评。◎**胡居仁：**号敬斋，师从吴与弼，明代理学家、崇仁学派代表人物。◎**韩子：**韩愈。因向唐宪宗上疏《谏迎佛骨》被贬为潮州刺史。◎**五老青峰、三泉：**指庐山五老峰与三叠泉。◎**居业：**胡居仁撰《居业录》。认为治学应以"心性第一""问学第二"，彰显其心学立场。◎**白鹿规：**即《续白鹿洞学规》六条。是胡居仁主持白鹿洞书院时所修，强调圣学高于科举，义理高于诗文，是对朱熹《白鹿洞书院揭示》最有力的补充。

四斋·娄谅·诸儒附会

一斋放　诸　上饶春
燕朋学　儒　居敬门
道身影　附　勿忘助
传心偶　会　王守仁

◎**诸儒附会：**书名，娄谅撰。可能是以程朱理学为依据，裁定前儒附会之说的著作，已佚。◎**娄谅：**号一斋，明代理学家，师从吴与弼，崇仁学派代表人物，后由于其孙女是朱宸濠之妃，陷宁王之乱，致使其著作不传。◎**一斋放诸上饶春：**指娄谅在故乡上饶建有讲书楼"芸阁"，四方学子慕名来此受教。◎**居敬门：**《论语·雍也》："居敬而行简。"娄谅治学以"收放心"（孟子）为居敬之门。◎**勿忘助：**《孟子·公孙丑》："必有事焉而勿正，心勿忘，勿助长也。"◎**传心偶会：**王守仁十八岁携妻返家，路过广信拜谒娄谅，娄谅授其格致之学，后引发王守仁格竹七天的故事。

心学·湛王·西樵龙场

云起贵　西　雨广东
格竹童　樵　致钓翁
一心二　龙　真孔孟
清扫坛　场　祭双雄

◎**西樵龙场**：西樵，指湛若水在西樵立说。龙场，指王阳明在龙场悟道。◎**湛王**：湛若水与王阳明，均为明代心学巨擘，二人各立门户讲学，时称"湛王之学"。湛、王心学之差异，《明儒学案·甘泉学案》载："盖阳明与吾看心不同，吾之所为心者，体万物而不遗者也，故无内外；阳明之所谓心者，指腔子里而为言者也。"可见，湛若水的"心"为思想的外延，王阳明的"心"指意识的内涵。◎**云起贵西雨广东**：王阳明幼名云，于贵州龙场悟道；湛若水初名雨，广州人。◎**格竹**：王阳明少时曾格竹七日，践"格致"之说。◎**钓翁**：湛若水师从陈献章，陈将"江门钓台"作为衣钵传给湛若水，承认湛为自己的传人。

心学·湛若水·心性图说

宇宙吾	心	浑然一
穷理尽	性	随处体
信手书	图	精舍壁
西樵立	说	甘泉子

◎**心性图说：**书名，湛若水撰。是对其创作的《心性图》的解说，结合了张载"心统性情"、《孟子》"四端"、《中庸》"已发、未发"、《尸子》"宇宙说"、《礼记》"慎始敬终"等哲学概念，以诠释人的意识是如何认知世界的哲性图说，收录在《心性书》中。◎**湛若水：**号甘泉，世称甘泉子，明代理学家、哲学家、诗人，师从陈献章，创甘泉学派，其学主张"随处体认天理"，是以程朱理学为基础发展而来的"理学心性派"，而阳明心学则属"陆王心学"系谱。◎**书图精舍壁：**《甘泉先生续编大全》："嘉靖二十三年十月十四日，书《心性图》说于（衡岳甘泉）精舍壁。"◎**西樵立说：**指湛若水在西樵山隐居期间创立自己的学说。

心学·湛若水·圣学格物通

泉翁明　圣　坐经筵
治平之　学　诚正先
造道是　格　自寡欲
至理成　物　心廓然
仁政贯　通　体用全

◎**圣学格物通**：书名，湛若水撰。是给皇帝讲解"大学之道"的帝学，即皇帝的教材。全书分为诚意、正心、修身、齐家、治国、平天下六格，大量摘录"四书五经"、理学史典、诸子圣训章节辅以解读，传授"敬天畏民"的儒家正统思想与"任将屯田"的经世治国之术。共 100 卷。
◎**经筵**：皇帝给帝师特设的御前讲席。◎**造道是格**：运用思想即可认知事物。◎**至理成物**：理论正确即可驾驭事物。◎**体用全**：《格物通序》："圣人之学，体用一原，本末远近兼致，知行并进者。"

心学·湛若水·心学一脉

心似濂　溪　含苞莲
学至明　道　亦偷闲
一片白　沙　挽新月
脉脉甘　泉　映四端

◎**溪道沙泉**：指周敦颐（濂溪先生）、程颢（明道先生）、陈献章（白沙先生）、湛若水（甘泉先生）四人，可溯湛若水甘泉心学的发展脉络。明代沈桂将周敦颐《太极通书》、程颢《定性书》、陈献章《自然书》、湛若水《心性书》合编为《宋明四子书》，可判其渊源。与陆九渊、杨简、王阳明的"陆王心学"呈并行发展态势。◎**含苞莲**：指周敦颐《爱莲说》。◎**亦偷闲**：程颢《春日偶成》："时人不识余心乐，将谓偷闲学少年。"

心学·王阳明·阳明守仁

龙场青　阳　映深竹
心之灵　明　知好恶
五溺克　守　三变达
天地一　仁　传习录

◎**王阳明**：名守仁，号阳明子。明代哲学家、政治家、教育家、军事家，创阳明心学，即从认知意识运作的方式（重解《大学》格致之要）为切入点，理解思想，揭示存在，进而指导人行为的学说。◎**心之灵明**：《传习录》："（陆澄）问：'身之主为心，心之灵明是知，知之发动是意，意之所著为物，是如此否？'先生曰：'亦是。'"◎**五溺**：王阳明早年人生历程，湛若水撰王阳明墓志铭："初溺于任侠之习，再溺于骑射之习，三溺于辞章之习，四溺于神仙之习，五溺于佛氏之习。"◎**三变**：阳明心学发展的三个层次，即知行合一、静坐澄思、致良知。◎**传习录**：阳明心学代表作《传习录》，记录王阳明的问答语录和论学书信集，由其弟子共同辑录，后经钱德洪删定。

心学·王阳明·龙场悟道

少比卧　龙　爱龙山
谪官龙　场　梦龙泉
五经臆　悟　良知处
一以贯　道　指心元

◎**龙场悟道：**1506 年，王守仁触怒擅政的宦官刘瑾，被廷杖四十，下诏狱，谪放贵州。《王阳明全集·顺生录之八·年谱一》："武宗正德元年丙寅，先生三十五岁，在京师。二月，上封事，下诏狱，谪龙场驿驿丞。"1507 年出狱，赴谪至钱塘遭遇追杀。《年谱》："二年丁卯，先生三十六岁，在越。夏，赴谪至钱塘。先生至钱塘，瑾遣人随侦。先生度不免，乃托言投江以脱之。"1508 年到达贵州龙场驿。《年谱》："三年戊辰，先生三十七岁，在贵阳。春，至龙场。先生始悟格物致知。"后"范土架木以居"，因感生死于一念之间，为石墩日夜端坐澄思，忽一夜大悟格致之旨，不觉呼跃，从者皆惊。"始知圣人之道，吾性自足，向之求理于事物者误也"，著《五经臆说》。◎**少比卧龙：**王阳明幼时作《象棋落水歌》："炮响一声天地震，忽然惊起卧龙愁。"◎**爱龙山：**王出生于绍兴余姚龙泉山附近瑞云楼，有诗《忆诸弟》："久别龙山云，时梦龙山雨。"其父王华又称龙山公。◎**龙泉：**即龙泉寺，王阳明青年时曾在此结有龙泉诗社。有诗《忆龙泉山》："我爱龙泉寺，寺僧颇疏野。"

心学·王阳明·心外无物

花在人　心　色缤纷
人在花　外　气深沉
人花皆　无　春亦在
春心何　物　忆花人

◎**心外无物**：阳明心学核心概念之一。其意由二程"道外无物，物外无道"与"天下无性外之物"发展而来。其流行解释出于《传习录》："先生游南镇。一友指岩中花树问曰：'天下无心外之物，如此花树在深山中自开自落，于我心亦何相关？'先生曰：'你未看此花时，此花与汝心同归于寂；你来看此花时，则此花颜色一时明白起来。便知此花不在你的心外。'"其哲学解释出于《传习录》："先生曰：'然。身之主宰便是心，心之所发便是意，意之本体便是知，意之所在便是物。如意在于事亲，即事亲便是一物，意在于事君，即事君便是一物，意在于仁民、爱物，即仁民、爱物便是一物，意在于视听言动，即视听言动便是一物。所以某说无心外之理，无心外之物。'"今从抽象角度来说，"心外无物"大意为，只有当研究客体（物）出现在人（心）的意识（意）中，人（心）才能完成思考行为（致良知）。

236

心学·王阳明·天泉证道

良知似　天　理如渊
溥博渊　泉　桥上观
四无辩　证　复性论
诗以正　道　习心前

◎**天泉证道：** 此事有两个版本。其一，为《传习录》所载，钱德洪、王畿在浙江会稽天泉桥上就"四句教"即"无善无恶是心之体，有善有恶是意之动，知善知恶是良知，为善去恶是格物"向王阳明请正。王畿写有《天泉证道纪》，但由于王畿有佛学论调，"四句教"在流传中释义含混，后被东林顾宪成裁其本意。其二，由江右王门邹守益《青原赠处》载："阳明夫子之平两广也，钱王二子送于富阳。夫子曰：'予别矣，盍各言所学。'德洪对曰：'至善无恶者心，有善有恶者意，知善知恶者是良知，为善去恶是格物。'畿对曰：'心无善而无恶，意无善而无恶，知无善而无恶，物无善而无恶。'夫子笑曰：'洪甫须识汝中本体，汝中须识洪甫工夫。二子打并为一，不失吾传矣。'"此版本似乎更符合事实逻辑。而《传习录》又载："阳明曰：'无善无恶者，理之静；有善有恶者，气之动。不动于气，即无善无恶，是谓至善。'"显然，这是王阳明利用理学思想解释心学。表明心学与理学绝非对立，实可互证。◎**溥博渊泉：** 出自《中庸》："溥博渊泉，而时出之。溥博如天，渊泉如渊。"◎**四无：** 王畿以"四无论"来解读"四句教"。◎**复性：** 钱德洪以"复发论"阐释"四句教"。◎**习心：** 以良知之习学，为善去恶，破除习惯成自然之心。

心学·王阳明·知行合一

晦翁崇　知　道学恢

阳明尚　行　良知辉

鹿鹤相　合　溪竹畔

心理为　一　世卓伟

◎**知行合一：**阳明心学的概念之一，朱子亦有知行工夫。《传习录》先生曰："今人却就将知行分作两件去做，以为必先知了，然后能行，我如今且去讲习讨论做知的工夫，待知得真了，方去做行的工夫；故遂终身不行，亦遂终身不知。"《朱子语类·大学·经上》（朱子）曰："知与行，工夫须著并到。知之愈明，则行之愈笃；行之愈笃，则知之益明。二者皆不可偏废。"◎**鹿鹤：**鹿代指朱子，朱有诗《白鹿洞书院》云："昔人读书处，町疃白鹿场。"鹤代指王阳明，王有诗《沅水驿》云："却幸此身如野鹤，人间随地可淹留。"◎**溪竹：**溪代指王阳明离开龙场首讲学于辰州虎溪白云轩，竹代指朱子建沧州竹林精舍。

王门·钱德洪·绪山会语

天理条　绪　良知同
心历千　山　性碧空
中天阁　会　平濠记
行止默　语　意一诚

◎**绪山会语：** 书名，钱德洪撰。是阐述其哲学观点的著作。◎**钱德洪：** 号绪山，师从王阳明，明代哲学家、教育家，浙中王门代表人物，其整理了王阳明的主要著作，并修订了"王阳明年谱"。◎**中天阁会：** 正德十六年，钱德洪率 74 人在余姚中天阁拜王阳明为师。◎**平濠记：** 书名，钱德洪撰，记录王阳明平定南昌宁王朱宸濠叛乱的经过。◎**行止默语意一诚：** 钱绪山之学，旨在致知工夫，其认为阳明学以"诚意"为《大学》之要，侧重"体用"之"用"，即"已发之和"。

王门·王龙溪·致知议辨

寂感一　致　先天功
颜子独　知　谁能领
睹闻怎　议　姚江学
空空是　辨　龙溪声

◎**致知议辨**：书名，王畿撰。是王畿与王阳明另一大弟子聂豹的对话集，其中涉及理学、儒学诸多命题，是研究阳明学必读书目。◎**王龙溪**：王畿，号龙溪，明代哲学家，师从王阳明，属浙中王门学派，其学侧重"未发之中"。◎**寂感一致先天功**：《致知议辨》："感生于寂，寂不离感。舍寂而缘感，谓之逐物；离感而守寂，谓之泥虚。夫寂者未发之中，先天之学也。未发之功，却在发上用，先天之功，却在后天上用。"◎**颜子独知**：指阳明心学重要命题"颜子没而圣学亡"。◎**睹闻怎议**：指阳明心学为思想意识之学，不在睹闻之中。◎**空空**：《致知议辨》："空空者，道之体也。口惟空，故能辨甘苦；目惟空，故能辨黑白；耳惟空，故能辨清浊；心惟空，故能辨是非。"

王门·王心斋·明哲保身论

一跪阳　明　师门开
泰州学　哲　两袖才
日用可　保　家天下
深衣安　身　蒲车来
狂儒异　论　王心斋

◎**明哲保身论**：王艮撰。阐述"保身以保家国天下之道"，即"明哲者，良知也。明哲保身者，良知良能也……吾身不保，又何以保天下国家哉……吾身不能保，又何以保君父哉！"◎**王心斋**：王艮，原名王银，后被王阳明改名为艮，号心斋，明代哲学家，师从王阳明，创立泰州学派，其学可理解为以"修身"为宗。◎**一跪**：指王阳明以王艮行为怪诞，不收其为徒，王艮长跪不起，终获拜师。◎**两袖才**：指王艮少时辍学，青年发力，常置"四书"于袖中随时阅览。◎**深衣、蒲车**：王艮曾自制朱子深衣与蒲轮车，在京城招摇过市，引起轰动，招致王阳明震怒。

江右王门·东廓念庵

姚江江　东　得其传
日用寥　廓　自浑然
紫微一　念　广舆远
方寸心　庵　醒世言

◎**东廓念庵：**邹守益，号东廓；罗洪先，号念庵。二人为阳明心学江右派代表人物。《明儒学案·江右王门学案一》载："姚江之学，惟江右为得其传，东廓、念庵、两峰、双江其选也。"◎**姚江：**代指阳明心学。◎**日用：**《明儒学案》论邹守益之学："先生之学，得力于敬。敬也者，良知之精明而不杂以尘俗者也。吾性体行于日用伦物之中，不分动静，不舍昼夜，无有停机。流行之合宜处谓之善，其障蔽而壅塞处谓之不善。"◎**浑然：**《东廓邹先生文集·大桥朱氏族谱序》："浑然理一谓之仁，粲然分殊谓之义。"◎**紫微：**相传罗洪先曾上华山访陈抟18代孙，得命理学著作《紫微斗数》。◎**广舆：**罗洪先绘《广舆图》，为中国历史上最早的分省地图集。◎**醒世言：**相传罗洪先晚年在鼓山出家，法号念庵，著有《醒世诗》。

江右王门·两峰双江

静坐忘　两　道心天
五岳三　峰　一气间
体用无　双　应万化
淮汉河　江　同原泉

◎**两峰双江：**刘文敏，号两峰；聂豹，号双江。二人为阳明心学江右派代表人物。《明儒学案·江右王门学案一》载："姚江之学，惟江右为得其传，东廓、念庵、两峰、双江其选也。"◎**静坐：**刘两峰，年八十，犹陟三峰之巅，静坐百馀日。◎**忘两：**刘两峰言："发与未发本无二致，戒惧慎独本无二事。"◎**道心天：**刘两峰认为道、心、天为一物，即"人之心，天之一也"，又"心即所谓把柄也，生化不测，皆把柄中自然之条理，一以贯之，成性存而道义出也"。◎**一气间：**指张载"气化流行"之意。◎**体用无双：**聂双江认为，"未发即在已发之中，盖发而未尝发，故未发之功却在发上用，先天之功却在后天上用"。◎**应万化：**即"谓心无定体，其于心体疑失之远矣。炯然在中，寂然不动而万化攸基，此定体也"。◎**淮汉河江同原泉：**聂双江"原泉"理论，"原泉者，江、淮、河、汉之所从出也，然非江、淮、河、汉则亦无以见所谓原泉者。故浚原者浚其江、淮、河、汉所从出之原，非以江、淮、河、汉为原而浚之也"。

东林·东林书院

风雨江	东	觅书声
家国士	林	孔孟宗
心有四	书	观天下
名儒学	院	可为政

◎ **东林书院**：由二程弟子杨时创建于北宋政和元年（1111），选址在无锡南门保安寺，将书院命名为"东林"。杨时在此讲学18年。杨时去世后书院失修荒废。明朝万历三十二年（1604），顾宪成等人将残破的书院修复，重振东林，他们在此聚众讲学，议论国事是非。万历四十年，顾宪成去世，高攀龙接任山长。东林壮大，于明光宗泰昌元年（1620），成为讨伐阉党的舆论高地。而魏忠贤则借"梃击、红丸、移宫"等"明末三案"迫害东林人士，斥其为"东林党"，造《东林党点将录》打击在朝东林同僚。天启五年（1625），熹宗朱由校被魏忠贤蛊惑，下令捣毁天下东林书院。《明史·熹宗本纪》载："五年春正月癸亥，大清兵取旅顺。三月甲寅，释奠于先师孔子。丁丑，削尚书赵南星等籍。秋七月壬戌，毁首善书院。甲戌，追论万历辛亥、丁巳、癸亥三京察，尚书李三才、顾宪成等削籍。八月壬午，毁天下东林讲学书院，削尚书孙慎行等籍。壬寅，熊廷弼弃市，传首九边。十二月乙酉，榜东林党人姓名，颁示天下。戊子，戍前尚书赵南星。"隔年高攀龙投水自尽。1628年，崇祯即位，逼杀魏忠贤，平反东林人士，再修东林书院。书院挂有顾宪成所题名联："风声雨声读书声，声声入耳；家事国事天下事，事事关心。"

东林·顾宪成·语孟说略

天泉道　语　谁可裁
朱王孔　孟　折中怀
东林著　说　争国本
完儒大　略　小心斋

◎**语孟说略：**书名，顾宪成撰。是顾宪成编写的《论语》《孟子》的分章讲义，并穿插了前代理学大家的心得。◎**顾宪成：**明代理学家、政治家、东林领袖，在党争中被阉党削官。◎**天泉道语：**天泉证道四句教，含意模糊，几成阳明学公案，被顾宪成裁定。《明儒学案·东林学案一》载："按阳明先生教言：'无善无恶心之体，有善有恶意之动，知善知恶是良知，为善去恶是格物。'其所谓无善无恶者，无善念恶念耳，非谓性无善无恶也（此处'性'为理学概念，善恶也非'善良邪恶'，善为好的、合于理的；恶为差劲的之意）；有善有恶之意，以念为意也；知善知恶，非意动于善恶，从而分别之；为知好善恶恶，天命自然，炯然不昧者，知也，即性也。阳明于此，加一良字，正言性善也。为善去恶，所谓有不善未尝不知，知之未尝复行也。"但也可见，用理学解释心学，确也含混晦涩。◎**争国本：**即国本之争。万历皇帝想给三个儿子一并封王，顾宪成上疏表示强烈反对。◎**小心斋：**《小心斋札记》，顾宪成撰。是一部解释概念与回答问学的理学札记。

东林·高攀龙·高子止水

云纵秋　高　龙潜渊
东林屈　子　天启澜
格致知　止　格至善
心澄若　水　亦登攀

◎**高子止水**：明熹宗天启六年，魏忠贤矫旨迫害东林人士，高攀龙效屈原投水自沉而死，留遗表云："大臣受辱则辱国。谨北向叩头，从屈平之遗则。"◎**高攀龙**：明代政治家，东林领袖之一，东林八君子之一，与顾宪成时称"高顾"。◎**格致知止格至善**：格物致知，穷至事物之理，方到至善之处。《高子遗书·语录》："有物必有则，则者至善也，穷至事物之理，穷至于至善处也。"另，"《大学》不是无主意的学问，'明德、亲民、止至善'，主意也，格者，格此"。

东林·赵南星·清都散客

月澈风　清　有鹤鸣
如讽帝　都　官场形
声声聚　散　折心曲
惹得野　客　悲南星

◎**清都散客**：赵南星的别号。◎**赵南星**：号鹤侪，明代政治家、散曲家，东林领袖之一，与邹元标、顾宪成并称"东林三君"。赵南星曾为吏部尚书，为官公正无私，被魏忠贤所忌惮，被谪远戍代州，不久病逝。赵南星的散曲表现了他对官场黑暗的痛恨，和对国家发展的忧虑。◎**如讽官场形**：南星好讽，有《笑赞》传世，现录一则《屁颂文章》："一秀才数尽，去见阎王。阎王偶放一屁，秀才即献颂一篇曰：'高竦金臀，弘宣宝气，依稀乎丝竹之音，仿佛乎麝兰之味。臣立下风，不胜馨香之至。'阎王大喜，增寿十年，即时放回阳间。十年限满，再见阎王，这秀才志气舒展，望森罗殿摇摆而上。阎王问是何人，小鬼说道：'是那做屁文章的秀才。'赞曰：'此秀才闻屁献谄，苟延性命，亦无耻之甚矣！犹胜唐朝郭霸，以尝粪而求富贵，所谓遗臭万年者也。'"

东林·邹元标·南皋语义

官贬黔	南	览芳春
身立山	皋	隐龙鳞
空林无	语	东林影
菜根味	义	赤子心

◎**南皋语义：**即《南皋邹先生语义合编》，邹元标撰。包括语录体的《会语》与讲解"四书"的《讲义》。◎**邹元标：**号南皋，明代政治人物，东林领袖之一，在北京宣武门内创建首善书院。明熹宗五年，首善书院与东林书院一同被毁。◎**官贬黔南：**邹元标因反对张居正夺情，被廷杖八十，谪戍贵州都匀。◎**菜根味义：**邹元标曾作四言古诗《自勖》十首，均以"咬得菜根"为首句。◎**赤子心：**《语义·龙华密证》载："父母就是天地，赤子就是圣贤，奴仆就是朋友，寝室就是明堂，平旦可见唐虞，村市可观三代，愚民可行古礼，贫穷可认真心，疲癃皆我同胞，四海皆我族类，鱼鸟皆我天机，要荒皆我种姓。"另，黄宗羲在《明儒学案》中将邹元标归为阳明心学江右派代表人物之一。

东林·孙慎行·困思慎独

尚书身　困　两红丸
辞官驰　思　悟本然
中庸戒　慎　功夫在
君子保　独　隐微间

◎**困思慎独**：孙慎行撰《困思抄》和《慎独义》，对诸多儒学概念做哲学思辨式阐说。◎**孙慎行**：明代理学家、政治家，辞官讲学于东林书院。◎**红丸**：即红丸案。明光宗在服食鸿胪寺丞李可灼进献的红色丹丸后身亡，时任礼部尚书的孙慎行上疏要求严惩无效而托病辞官，后遭魏忠贤构陷，被遣戍宁夏，起行前崇祯帝继位，才得以赦免。◎**君子保独**：君子保独善其身之道。《慎独义》："凡人不过妄臆寸心影响之为独，君子直是终身率性保合之为独，故知慎独难也。"

明·黄道周·西曹秋思

丹云倾　西　故国边
山似吾　曹　亮银泉
弹剑邀　秋　抒志远
一点星　思　待月团

◎**西曹秋思**：是黄道周与朝廷二同僚的唱和诗集，皆七律，以同韵尾字作诗，畅思抒志。然而事后三人因一系列政治事件皆被下狱。◎**黄道周**：明代政治家、经学家、诗人、书画家，其多才多艺，刚正不阿，屡次上疏惹恼崇祯皇帝，多次被谪放，但其一生抱有报国理想，明亡后，任南明礼部尚书，率孤军对清廷展开北伐，终因兵弱被俘，慷慨就义。◎**吾曹**：我辈。◎**星思**：心思如星。

明·黄道周·榕坛问业

焚桧摧　榕　山河灭
将军登　坛　报国切
蹈仁何　问　生死劫
殉道传　业　谥忠烈

◎**榕坛问业：**黄道周讲学的语录汇编，以问答的形式整理而成，涉及理学、经学等命题，全书以"致知明善"为宗。◎**将军登坛：**指黄道周在福州誓师北上抗清。◎**谥忠烈：**黄道周殉国后，南明隆武帝赐谥"忠烈"。后清乾隆帝闻其故事，称其"一代完人"，追谥"忠端"。与刘宗周并称"二周"。

明·刘宗周·圣学宗要

<table>
<tr><td>理贤心</td><td>圣</td><td>道难诠</td></tr>
<tr><td>先天后</td><td>学</td><td>体一原</td></tr>
<tr><td>若寻儒</td><td>宗</td><td>无觅处</td></tr>
<tr><td>慎独是</td><td>要</td><td>登蕺山</td></tr>
</table>

◎**圣学宗要**：书名，刘宗周撰。诠解理学要义的专著。书中节录诠释宋明理学经典的代表作，包括周敦颐《太极图说》、张载《西铭》、程颢《识仁说》和《定性书》、朱子《中和说》、王阳明《良知问答》等，是学习理学的必读书，后被收录于《刘子遗书》。◎**刘宗周**：明末最杰出的理学家、经学家，创蕺山学派，明亡后，刘宗周悲愤绝食而死。◎**先天后学**：生而知之者与学而知之者都可理解"理一分殊"与"体用一原"，即理学与心学核心思想。◎**慎独是要**：宗周讲学以慎独为宗。

明·刘宗周·论语学案

彝理怎　论　亡国哀
塞心难　语　夷齐骸
明末圣　学　巨星落
冲冠拍　案　悲念台

◎**论语学案：** 书名，刘宗周撰。是一部以理学式的抽象演绎解释《论语》的著作。其不泥古训，驰思靡辩，如以太极解释"一以贯之"之道，以先天之理与后天之气解释"刚毅木讷"，倍显理学风范。◎**彝理：** 常理，彝伦攸叙。◎**夷齐骸：** 伯夷叔齐不食周粟饿死首阳。刘宗周在明亡后，亦悲愤绝食而死。◎**圣学：** 由孔孟之道、四书五经、程朱理学、陆王心学共同组成哲学体系，以解释世界本原（太极）、意识本体（性即理、心外无物）与人的存在（仁）。◎**念台：** 刘宗周号念台。

明·孙奇逢·四书近指

田隐廿	四	亦乐天
半耕半	书	伴鹤眠
人性本	近	道不远
为学必	指	苏门山

◎**四书近指：** 书名，孙奇逢撰。是一部分章明理、不泥章句、直抒己见，又兼采程朱陆王各说，以阐释"四书"要领的著作。◎**孙奇逢：** 明末清初理学家、教育家，其学"合流朱王"开一代新风。孙奇逢曾给明曹端《夜行烛》作笺。清代桐城派方苞曾为孙奇逢作传，视其为学术源头。◎**田隐：** 明亡后，清廷屡召，奇逢不仕，过着半务农半教学的隐士生活。◎**苏门山：** 河南辉县苏门山，孙奇逢隐居处。

明·孙奇逢·理学宗传

太极天　理　白鹿松
良知心　学　龙场风
日月为　宗　道不已
千峰得　传　在夏峰

◎**理学宗传：**书名，孙奇逢撰，是一部比较系统地阐述理学思想与儒学历代发展的思想史专著，综合了人物传记、学术流派、作品摘要与著作评论。对了解明末清初的理学学术地位有很大帮助。
◎**白鹿松：**庐山白鹿洞书院的青松。◎**龙场风：**贵州龙场的风。◎**日月为宗道不已：**《礼记·哀公问》："鲁哀公问：'君子何贵乎天道？'孔子对曰：'贵其不已。如日月东西相从而不已也，是天道也；不闭其久，是天道也；无为而物成，是天道也；已成而明，是天道也。'"◎**夏峰：**孙奇逢晚年隐居河南辉县夏峰，讲学20余年，世称夏峰先生。

五先生·朱舜水·阳九述略

东瀛升　阳　忆唐土
厄交阳　九　陷胡虏
丹心为　述　寄江户
周礼概　略　传幕府

◎**阳九述略:**《中原阳九述略》,明亡后朱舜水流亡日本"饮泣十七载"所著。以"致虏之由、虏势二条、虏害十条、灭虏之策"四章总结明亡的历史教训。◎**朱舜水:**朱之瑜,明末清初哲学家、文学家、史学家、教育家。◎**厄交阳九:**喻厄运。《汉书·王莽传》:"予受命遭阳九之厄。"◎**寄江户:**朱舜水流亡日本,最初在长崎讲学,后被水户侯德川光国聘为国师,赴江户讲学。◎**传幕府:**朱舜水将明朝的典库制度、衣冠制作、祭器等传至日本,并指导编纂《大日本史》,其思想奠定了"德川二百余年太平之治"。

五先生·方以智·物理小识

天地盈　物　贯古今
东西皆　理　谁能均
惶恐滩　小　气节大
赣江已　识　通儒心

◎**物理小识**：书名，方以智撰。是一部博物志式百科全书。全书分为十五类，对天文、地理、气象、草木、鸟兽、人身、金石等广泛的自然科学内容做了时下科普性解释，书中探讨了中国五行说（金、木、水、火、土）与西方四行说（地、水、火、风）的差异。◎**方以智**：明末清初科学家、哲学家。◎**东西皆理谁能均**：代指方以智所著《东西均》。◎**惶恐滩**：方以智抗清被俘后，被押解至江西万安惶恐滩，有感于文天祥投水自沉殉国。

五先生·黄宗羲·明儒学案

南雷四　明　抗清志
北雪孤　儒　丧国凄
继承绝　学　待谁访
红梅落　案　暖寒衣

◎**明儒学案**：书名，黄宗羲撰。是一部记录明代儒学发展及其流派演变的思想史专著。另与其子黄百家合著《宋元学案》。◎**黄宗羲**：号南雷，明末清初经学家、史学家、地理学家，师从刘宗周，史称梨洲先生。◎**四明**：四明山。黄宗羲抗清时曾率残部躲入四明山，撰有《四明山志》。◎**待谁访**：指黄宗羲所撰《明夷待访录》。

五先生・顾炎武・菰中随笔

食罢青　菰　望日出
万卷书　中　万里路
瘦马相　随　达江湖
札记削　笔　日知录

◎**菰中随笔：**书名，顾炎武撰。一说为顾炎武过世后所遗留的大量笔记的合集，一说为《日知录》剩余手稿汇编，几经手抄，到乾隆年间方有刻本。◎**顾炎武：**明末清初经学家、哲学家、史地学家和音韵学家。◎**青菰：**菰米，中国古代六谷之一。◎**万里路：**顾炎武一生抱有反清信念，顺治年间变卖昆山的家产，北上考察，联络反清人士，遍历山东、山西、河南、河北、陕西等地。◎**日知录：**书名，一部汇集名词解释与札记随笔，涉及经学、史学、地舆、艺文等百科全书式著作。

五先生·王夫之·船山遗书

不见楼　船　唯见山
独隐衡　山　撰洪篇
一览无　遗　五经注
训义四　书　传心帆

◎**船山遗书：**书名，王夫之著作总集，于清末刊行，分经、史、子、集四部，主要有《四书训义》《周易外传》《尚书引义》《诗广传》等。◎**王夫之：**明末清初经学家、哲学家，世称船山先生。
◎**独隐衡山撰洪篇：**王夫之曾参加抗清活动，后隐居于衡阳石船山著书立说。

清·朱彝尊·经义存亡考

晴晓搜　经　曝书亭
雨暮蹈　义　明诗综
道存心　存　江湖酒
政亡人　亡　日下闻
芦风细　考　百尺藤

◎**经义存亡考：**书名，朱彝尊撰。考证历代经籍存佚，集经学目录之大成，是中国第一部统考历代经学的专科目录，共三百卷，后改名为《经义考》。纪昀作《四库提要》尊《经义考》为本。
◎**朱彝尊：**清代藏书家、史学家、词人，开创浙西词派。◎**曝书亭：**朱彝尊居所之亭，著《曝书亭集》80卷。◎**明诗综、江湖酒、日下闻：**朱彝尊编撰《明诗综》、词集《江湖载酒集》《日下旧闻》。◎**芦风：**朱彝尊晚号小长芦钓鱼师，别号金风亭长。◎**百尺藤：**朱彝尊在京寓所有两株紫藤，故取名古藤书屋。

二曲·操志高洁

仁皇亲　操　玉笔书
秦关有　志　出大儒
渭清岭　高　蓥厔曲
一轮皦　洁　地中孚

◎**二曲：**李颙，字中孚，又字二曲，明末清初哲学家、理学家，程朱陆王合流的代表人物，重视实学，提倡"明体适用"，时称"海内大儒"。◎**操志高洁：**清康熙西巡时，御书"操志高洁"赐予李颙。另《大戴礼记·武王践阼》载，武王斋戒三日，听尚父吕望讲"先王之道"，"师尚父西面道书之言曰：'敬胜怠者吉，怠胜敬者灭；义胜欲者从，欲胜义者凶；凡事，不强则枉，弗敬则不正，枉者灭废，敬者万世。藏之约、行之行、可以为子孙常者，此言之谓也！且臣闻之，以仁得之，以仁守之，其量百世；以不仁得之，以仁守之，其量十世；以不仁得之，以不仁守之，必及其世。'"而观清朝之统治，自顺治至宣统，共十帝，是其量十世矣。◎**仁皇：**指康熙。康熙帝的谥号为"仁皇帝"。◎**蓥厔：**李颙籍贯蓥厔（今陕西周至），水曲曰蓥，山曲曰厔，故又字二曲。

二曲·悔过自新说

见囚如　悔　夏禹泪
放桀似　过　商汤悲
西伯独　自　望道时
武王铭　新　践阼恢
传仁立　说　是儒为

◎**悔过自新说**：书名，李颙撰。是以"悔过自新"为"一以贯之"的命题，探讨思想意识，以让人自强自新、明德见性的著作。李颙写道："古今名儒倡道救世者非一，或以'主敬穷理'标宗，或以'先立乎大'标宗，或以'心之精神为圣'标宗，或以'自然'标宗，或以'复性'标宗，或以'致良知'标宗，或以'随处体认'标宗，或以'正修'标宗，或以'知止'标宗，或以'明德'标宗。虽各家宗旨不同，要之总不出'悔过自新'四字。"◎**见囚如悔**：大禹泣囚的典故。《说苑·君道》："禹出见罪人，下车问而泣之……《书》曰：'百姓有罪，在予一人。'"◎**放桀似过**：《尚书·仲虺之诰》："成汤放桀于南巢，惟有惭德。"◎**西伯独自**：文王望道犹未见之事。《孟子·离娄下》："孟子曰：'文王视民如伤，望道而未之见。'"◎**武王铭新**：据《大戴礼记·武王践阼》载，武王询问尚父"先王之道"后，仿汤之《盘铭》，作《席四端铭》《几铭》《鉴铭》《盥盘铭》《楹铭》《杖铭》《带铭》《屦铭》《觞豆铭》《户铭》《牖铭》《剑铭》《弓铭》《矛铭》。以时刻自醒自警，令自己举手投足都符合于道。◎**传仁**：《孟子·离娄上》："孔子曰：'道二：仁与不仁而已矣。'"

二曲·体用全学

明德心　体　灵不昧
知行日　用　戒惧规
朱子大　全　传习录
直入圣　学　有真髓

◎**体用全学：**李颙口授，以"明体类"与"适用类"列出儒生必读书目，并注以提要，既包括理学、心学的经典哲学著作，也包括兵法、史学、律令等应用类学科。可见李颙提倡的是理学、心学相融合，又不失实学的治学之道。◎**明德：**即明明德。◎**灵不昧：**即天命之性。◎**戒惧：**即戒慎恐惧。◎**真髓：**指《学髓》。李颙与弟子探讨人的意识本体的对话录，附有《人生本原图》。

二曲・四书反身录

夫子道　四　孟语端
尧舜无　书　仁义全
浩籍知　反　未发前
明德修　身　性廓然
识此心　录　圣学传

◎**四书反身录：**书名，李颙口授，门人王心敬录。提倡学习哲学思想应以"反本穷源、反求诸己"为要。是清代以来"四书"学最杰出的著作。◎**夫子道四孟语端：**即孔子以四教，孟子以四端教。学习哲学与思想应简洁扼要，非长篇累牍。◎**尧舜无书：**指鹅湖之会时，陆九渊质问朱熹"尧舜之前有何书可读？"意为尊德性大于道问学。◎**未发前：**即未发之中。《中庸》："喜怒哀乐未发谓之中。"◎**性廓然：**北宋程颢《定性书》："廓然而大公，物来而顺应。"是意识与思想"迸发"之意。

清·胡渭·禹贡锥指

东樵考　禹　析九州
断水判　贡　籍千搜
方寸管　锥　奋学术
笃学耆　指　锦灰留

◎**禹贡锥指**：书名，胡渭撰。是一部仅对《尚书·禹贡》一篇文章进行研究的著作，长达 20 卷，几乎汇集了前人研究《禹贡》的所有成果，是研究中国古代地理沿革的重要参考书。◎**胡渭**：号东樵，清代经学家、地理学家，参修《大清一统志》。◎**笃学耆指**：指康熙南巡时，御书"耆年笃学"四字赐予胡渭。

清·乾嘉学派

世论康　乾　学术恢
虽未孔　嘉　亦垂辉
惜裂圣　学　断汉宋
党同伐　派　犹可悲

◎**乾嘉学派：**清朝中期主流学术流派，又称清代汉学、朴学、考据学，因在乾隆、嘉庆两朝达到鼎盛，故以此命名。其大致特点如下：（一）乾嘉学所提倡的重考据、训诂的特长，早在宋代就已被抛弃。因为经学的目的从来不是为学而学，而是培养杰出的政治家与解决现实问题。（二）从政治上看，"五经"历来作为政治指导思想存在，如果证明了前代经学解释上有错误，也就证明了前朝政治犯有原则性错误，也就否定了前代的政治合法性，这似乎就是乾嘉学所追求的。（三）《武英殿十三经注疏》恢复了北宋前的注释，以唐代《五经正义》为本，它否定了以宋明理学为基础的《五经大全》，这就否定了理学作为经学的主导思想，这是从理学外延入手否定理学的内涵。（四）理学是中国原创性的大一统哲学，涵盖世界构成、生物衍化与思想意识的确立。否定理学相当于否定了中国人的思想、世界观与抽象认识。（五）朱熹曾批评"俗儒记诵词章之习，其功倍于小学而无用"，王阳明则强调"知行合一"，而乾嘉学标榜繁杂的考据，有把学人拖入故纸堆，令学术与现实脱节的倾向。所以，乾嘉学无疑是一种精神的倒退、一次哲学的毁灭与一场琐碎与僵化的教条学究的狂欢。直到鸦片战争，清王朝对中国社会的控制力下降，乾嘉学走向没落，被晚清经世实学所替代。而今对经学的许多误解就来自乾嘉学。◎**党同伐派：**指清代汉学派对宋学派的学术打压。

清·惠栋·红豆山房

墨里寻　红　汉学路
诗书俎　豆　考据处
姑苏湖　山　松崖晚
雅雨寒　房　索补注

◎**惠栋：**号松崖，清代考据学家，吴派经学代表人物，时称小红豆先生。◎**红豆山房：**惠栋将自家的藏书楼，命名为"红豆山房"。藏书钤有"小红豆""红豆山房所收善本"等印。

清·戴震·原善绪言

遥念东　原　入汾州
孔孟至　善　绕心头
道牵思　绪　索经典
疏证箴　言　功素侯

◎**原善绪言**：《原善》《绪言》，戴震撰。《原善》是文献索证形式，《绪言》是《孟子字义疏证》的初稿，二者旨在抛弃"太极"概念，并在批判宋学理学基础的同时，利用原始先秦经学思想，重新建立一种思考物质与意识的哲学学说，即非理学的"条理之学"，对晚清汉学产生了深远影响。◎**戴震**：字东原，清代博物学家、经学家，曾任《四库全书》纂修官，学术成就显著，但六试不第，后被乾隆御赐进士出身。◎**入汾州**：戴震会试不第，曾往山西修《汾阳县志》《汾州府志》。

清·纪昀·四库全书

二甲第　四　启宦海
提要四　库　别轮台
伴驾十　全　排御赋
草堂留　书　表心裁

◎**四库全书：**清乾隆时期编修的大型丛书，分经、史、子、集四部，故名"四库"。需要注意的是，纪晓岚在《四库提要》中对汉唐宋明以来诸多经学、儒学著作肆意批判，妄加诋毁，以迎合清王朝政治需要与乾隆的个人好恶，必须对此持批判态度。◎**纪昀：**纪晓岚，清代经学家、文学家，《四库全书》总纂官。◎**二甲第四：**纪晓岚殿试考取二甲第四名。◎**别轮台：**纪晓岚曾获罪被发配迪化，三年后因修《四库》被召回，著有《乌鲁木齐杂诗》。◎**十全：**乾隆皇帝自诩"十全老人"。◎**草堂留书：**即《阅微草堂笔记》，纪晓岚创作的笔记型志怪小说。

清·方苞·礼记析疑

裁志辨　礼　步皇阶

狱中杂　记　入梦跌

墨竹析　析　夜雨斜

世儒之　疑　桐城解

◎**礼记析疑**：书名，方苞撰。采用融会旧说、断以己意的方式解释《礼记》。方苞一生重"三礼"，另著有《周官集注》《仪礼析疑》。◎**方苞**：清代经学家，桐城派散文创始人，历经清康、雍、乾三朝。治学以儒家经典为基础，尊奉程朱理学和唐宋散文，首创"义法"说，倡道文统一。◎**裁志**：方苞曾充《大清一统志》总裁。◎**步皇阶**：康熙以"方苞学问，天下莫不闻"，命方苞以白衣平民身份入值南书房。◎**狱中杂记**：《南山集》文字狱案发，方苞因作序被株连，在狱中写下的杂文。

清·崔述·五经考信

删述三　五　辨伪难
击传隳　经　著万言
抛书丧　考　尘满面
春投花　信　弹儒冠

◎**五经考信：**即《考信录》，崔述撰。一部从质疑三皇五帝的传说开始，对"四书五经"所载的经学与历史事件，做考据型、辨伪型，甚至主观否定的批判式著作。顾颉刚极推崇此书。◎**崔述：**清代疑古派考据家，主张"考信于六艺"，其著作后传入日本，影响了日本汉学和东洋史学的疑古思潮。◎**丧考：**如丧考妣。像死了父母般悲痛。

清·康有为·孔子改制考

再悟周	孔	再乾坤
戊戌君	子	志维新
百日难	改	清腐朽
汉鼎旗	制	难一尊
变革是	考	中国心

◎**孔子改制考：**书名，康有为撰。刊行于"戊戌变法"同年，是为变革鼓噪的"托古改制"型著作。其"六经"皆孔子为托古改制而作的主张，即便于今日来看也颇为激进。更主要的是，其使经学走出考据学的误区，使头脑摆脱为考而考的束缚，令思想勃发，令时人精神振奋，从而吹响了时代变革的号角。◎**康有为：**号长素，晚清政治家、儒学家，曾上书变法，倡导社会变革，发动"戊戌变法"。◎**戊戌君子：**戊戌六君子。"戊戌变法"时被慈禧太后下令杀害。◎**志维新：**"周虽旧邦，其命维新"，指"戊戌变法"，又称"百日维新"，是康有为等维新人士通过光绪皇帝发动的一场旨在以儒家思想与西方制度对接的社会改革运动。即 1898 年 6 月 11 日光绪《明定国是诏》云："以圣贤义理之学，植其根本，又须博采西学之切于时务者，实力讲求。"虽然仅经历 103 天就宣告失败，但作为一场思想启蒙运动，其对中华文明的进程产生了积极而强烈的推动作用。

第四辑　夫子在上

纪念孔子逝世 2500 周年祭文

周流在上·上

　　夫子，您可听见小子的声音？皓月知道，您就在这里。您并非静卧在曲阜偏远又残缺的坟冢里，您并非端坐在华丽而冰冷的大成殿上，您也并非远逝成为任人描述的往者，您此在，作为华夏文明的创造力，您永恒存在。白天，您的车轮与太阳共进；夜晚，您的车辙如星汉闪耀。四廓上下曰宇，往来古今曰宙，四牡彭彭，您的黄金马车与这宇宙一同奔向无限。在这空间的曲面上，在这时间的色彩里，在这时空的回声中，镌刻着您不朽的箴言，这是传心之学，这是创造力的话语。您激励着华夏智慧的脉动，您指导着中华思想的轨迹，您赋予着中国存在的意义。您是我与熟悉者沟通的桥梁，您是我与陌生者相连的纽带。您不是华夏的源头，又胜似中华的起点。

周流在上·下

　　当您把伟大的富于创造力的哲学，即儒家思想整理完成。从过去到未来，从此刻到彼刻，您就在这里。在九天之上，在九地之下，在天理良知之内，在日用流行之间，您就在这里。您的人格，即华夏的品格；您的德操，即中华的情操；您的气度，即中国的风度。所以怀念夫子就是感受华夏文明自身，崇敬夫子就是缅怀中华民族的过去与未来，赞美夫子就是歌颂中国的复兴与昌盛。中国历来有采诗献诗的制度，古代的献诗献给帝王，而今的献诗献给国家社会，小子将诗歌献给夫子，献给华夏，咏中国之历程，赞夫子之大德，美吾儒之气魄。夫子，您听到了吗？这是 2500 年之后的中国人对您的倾诉。夫子在上，请受小子一拜。

我心在上·上

　　夫子，小子本凡夫俗子，愚钝鄙陋之人。曾过着存而不知本心，思而不解过往，行而不知方向的生活。混混沌沌，随波逐流，曾醉心于佛老与刑名，自甘沉沦而不知。然有赖天命之性，虚灵不昧，小子每读《论语》，都被夫子之哲思所震撼；每念《诗经》，都被雅颂之大美所倾倒；每咏唐诗宋词，都被言志之气节深深打动。然小子也不解于夫子"一贯"之含义，困惑于古诗之形象是为何，茫然于儒学之众多概念。直到偶一日，小子读《孟子》之《求放心》篇，怦然心动，困而学之。以夫子之"一贯"，参《系辞》之立象尽言、《中庸》之已发之和，结合历史文脉之变革，小子终渐悟中国诗歌形式之象征。后以夫子"一贯"为形式，以作诗为向导，小子始入圣学，拾级而上，学而时习，自汉入宋，无一日不被儒学之博大精深所震撼。

我心在上·下

　　夫程朱之性理，阳明之良知，《大学》之明德，复性之理念，赤子之良心，我本有之，却非自知，是何悲哉。而被夫子之"一贯"以启迪，又是何幸甚。夫以"一贯"为机枢：《周易》之立象、《洪范》之九畴、《二南》之形式、《王制》之礼法、《春秋》之褒贬，中国哲学历史艺术之门灿灿乎豁然开朗！呜呼，若无孔孟，我心何在？莫非儒学，我智何存？夫以小子愚钝之头脑一探夫子旷世之绝学，15 年来小子也只领悟了百之一二，但已有此书之诞生。而夫子之大德，何止千万而不可胜数。正如颜子云："仰之弥高，钻之弥坚；瞻之在前，忽焉在后。……欲罢不能，既竭吾才，如有所立卓尔。"是夫子，传心于小子矣。是小子，澡身于夫子大德之中，才得以日新本心，洗心豹变。夫子在上，请受小子一拜。

吾儒在上·上

夫儒者，保天下者也。天下者，己、国、社、时、世、文明者也。有己而无国，一毛不拔，是杨朱者。有国而无社，诱民以利、驱民以战，是商鞅韩非者。有社而无时，小国寡民，是老聃者。有时而无世，无为浮乎江湖，是庄周者。有世而无文明，非攻非乐，是墨翟者。有文明而妄己，轮回涅槃，是释迦者。夫有己、有国、有社、有时、有世、有文明，克己复礼，知行合一，是儒者也。儒何以保天下，凭一字尔，曰：仁。

吾儒在上·下

　　夫仁，人之生而有之者也，宇宙赐予人类之意识也，华夏文明之价值观也，确保中华民族创造力延续之思想也，人之超越性存在也。为天理，为心性，为明德，为良知良能，为忠恕，为四端，为父为子隐之恻隐，为以羊易牛之不忍，为见孺子将入井之怵惕，为尧舜之禅让，为夏禹三过家门之不入，为商汤之革命，为文王之望道，为武王之《剑铭》。夫仁，尧舜禹汤文武周孔之道也。保仁者，儒也。从道不从君者，儒也。天下有道，以道加身，传仁立说者，儒也。天下无道，以身寻道，救民于水火者，儒也。所以儒者，中华民族之中流砥柱是也。而儒之思想，儒之哲学，儒之政治学，儒之社会学，儒之历史学，儒之教育学，儒之艺术美学，即诗书礼乐易春秋。六艺者，儒之学术也，中华民族创造力之完美体现也。孔子者，六艺之集大成者，儒家思想之确立者，救华夏社会于生灵涂炭之先行者，儒之精神领袖者。追随夫子保中华之天下，是小子之志矣。夫子在上，请受小子一拜。

道统在上·上

　　夫道者何也？简而言之，道者，仁之思想与义之过程也。推也言之，道者，华夏文明创造力之思想、行为、过程之综合体也；道之思想，九畴、八卦、七曜、六艺、五行、四书、三才、二气、一以贯之之中华思想凝聚体也。道之过程，华夏文明开创之路，确立之路，履行之路，完成之路，前进之路也。道统者，开创道之过程者也，中华文明思想之开创者、确立者、发展者也。道由谁开创？圣人也，尧舜禹汤文武周公也。道由谁确立？圣人也，孔子颜子曾子子思子孟子也。道由谁发展？圣人也，董仲舒刘向扬雄刘歆郑玄王肃何晏王弼皇侃王通韩愈李翱周敦颐张载邵雍程颢程颐朱熹王阳明李颙是也。道由谁完成，发展中华文明之先圣也。道由谁延续，继承与发展中华文明之后圣也。

道统在上 · 下

　　道者，巍巍乎；道统者，洋洋乎。夫道者，华夏文明最璀璨之思想、最恢宏之创造力、最珍贵之价值。夫道统者，中华民族最伟大之情操，最崇高之理想，最神圣之精神！如无大道，华夏何在？莫非道统，中华何存？若不继承道统，发展大道，我辈有何面目以对列祖列宗的爱护与赐予，有何面目以对圣人先贤的教诲与期待？然小子知道，以小子之愚钝恐难继承道统之伟业。小子愿像李延平、吴康斋一样，把先圣的哲学传给后圣，启发后人振兴道统，让中华大道焕发出更瑰丽的光芒。夫子在上，请受小子一拜。

五四在上·上

夫何以兴道？五四也。五四者，五经四书是也，中华文明原发创造力是也。五经者，华夏文明之世界观；四书者，中华民族之人生观。夫《周易》者，中华文明哲学、数学与现象学表达；《尚书》者，中华文明哲学与政治学表达；《诗经》者，中华文明史学、哲学与美学表达；《礼记》者，中华文明美学与社会学表达；《春秋》者，中华文明史学与哲学表达。夫《论语》者，中华民族存在之准则；《孟子》者，中华民族人性之准则；《大学》者，中华民族人生之准则；《中庸》者，中华民族行为之准则。夫五四者，何其神圣，何其璀璨，由夫子始，历百代兴，多少仁人志士，列祖先儒，历尽艰辛，投入心力，传承着这中华民族瑰丽的思想长卷，又为这长卷添加着辉煌的新篇章。

五四在上·下

　　五经四书，并非一个封闭的系统，它们是开放式文本，历代先贤都对它们进行了创造性解读与时代性传播，这才力保中华文明生生不息，日久弥新。如果 20 世纪之于中国，是一个启蒙的消除文盲的世纪，21 世纪之于中国，则是另一个启蒙的成就复兴的世纪，夫《五经》存则华夏存，《四书》昌则中国昌。振兴《五四》，正是吾儒的志向，正是小子的理想。小子相信当《五四》精神真正被国人理解，国人以夫子之教诲、以士大夫之情操、以无穷之创造力，使中华文明迈向世界文明巅峰之日，就是中华民族伟大复兴成功之时。小子愿用诗歌把《五四》精神振兴起来。夫子在上，请受小子一拜。

诗歌在上·上

夫诗者，可以兴道也。何也？夫诗者，格物为其过程，明明德为其目的。夫格物者，以诗格我心中之万事万物也，是格世界与我、思想与我、历史与我、存在与我、美与我之关系也。而以诗贯穿万事万物、万思万有，明确我之思想、我之存在、我之审美、我之哀乐者，是明明德也。夫明德者，性也。明明德者，是以诗明心见性也。夫诗之"诗言志、歌咏言"者，舜曰也，《尚书》也；诗之"四五七言"者，象数也，立象以尽言也，《周易》也；诗之平仄、音韵、对仗者，《乐》也；诗之郊庙古风乐府者，教也，《礼》也；诗之比兴雅颂者，政也，《诗经》也；诗之美刺者褒贬者，微言大义也，《春秋》也。此谓诗以显六艺之德也。

诗歌在上·下

又诗韵者，韵律即诚明也，喜怒哀乐发而中节也，《中庸》也；又诗意者，格物、致知、诚意、正心、修身也，修我之存在也，《大学》也；又诗心者，"志壹则动气、气壹则动志"，浩然之气，王道之迹也，《孟子》也；又诗风者，四方是德、风行草偃，"可以兴，可以观，可以群，可以怨"，《论语》也。此谓诗以和《四书》之道也。又格律者，始条理而终条理者，理也；《诗小序》之"在心为志，嗟叹之不足，故咏歌之"者，心也，性情也，良知也。所以诗者，显《六艺》之德，和《四书》之道，统天理而一性情，人生而能为之良知良能也。此谓诗所以达道也。故夫子曰："人而不为《周南》《召南》，其犹正墙面而立也与？"夫子在上，请受小子一拜。

言志者在上·上

夫言志者，仁人也。仁者，人心也，仁、义、礼、智、信之统称也。无心者，岂为诗哉？无仁义礼智信者，能为诗哉？君不见《诗经·北山》之谓"溥天之下"者，此慕王道者；《黍离》之谓"我心忧"者，此忧天下者。君不见屈灵均《涉江》之"与天地同寿"者，此参天地者；"与重华游兮瑶之圃"者，此同尧舜者；《渔父》之"独清、独醒"者，此慎独者。君不见司马相如《郊祀歌》者，此敬天法地者，此体太一者。君不见曹子建"君子防未然"者，此止于至善者；"知命复何忧"者，此不惧生死者。君不见庾子山《圜丘方泽歌》者，此郊祀五帝者。君不见李太白"大雅久不作，吾衰竟谁陈"者，此以中国为一人者。君不见杜子美"诗是吾家事"者，此以天下为一家者。

言志者在上·下

　　夫慕王道者、忧天下者、参天地者、体太一者、同尧舜者、敬天法地者、慎独者、止于至善者、不惧生死者、郊祀五帝者、以中国为一人者、以天下为一家者，岂非仁人乎！岂非大人乎！岂非君子乎！岂非赤子之心者乎！岂非儒者乎！夫儒者，养浩然之气，养志者也；夫诗者，言浩然之气，言志者也。养志者，良知也；言志者，良能也。良知者，传承华夏文明之使命感也；良能者，创新中华文明之创造力也。良知与良能为一，养志与言志为一，儒者与诗者为一，是为诗儒也。此诗儒所以为吾自号也。夫志者，心之所向也。言志者，言华夏之心志也。华夏心志何也？孟子云"圣人与我同类""万物皆备于我"也；庄周云"天地与我并生，万物与我为一"也。此即夫子之"志于道"也，此即"诗三百，一言以蔽之，曰思无邪"也。至矣！夫子在上，请受小子一拜。

诗魂在上·上

　　夫诗体，理也。理者，道体也，道之条理也，道不离器也。诗体者，诗之条理也，立象以尽意也，象数也，象不离数，数以成象也。夫数何以成象也？岂不闻四言者，尧舜之文祖，文王之四牡，《易》有圣人之道四也。六言者，屈子之六龙，始皇之用六，贾谊之《六术》也。七言者，汉武之《柏梁》，魏文之《燕歌》，三光七政、斗为帝车是也。三言者，郊祀之迎送，青帝之木数，三皇三代三才三生万物也。五言者，五行之道常，五常之至德，五德之始终，五帝五星五岳五色五声五味是也。而词者，三四五六七言之和也，又五数也。此谓以数成象也，此中华诗歌之大象也，此华夏诗心之盛典也，此中国诗魂之文脉也。虽时运交移，质文代变，此百代不易者也。夫欲振兴中国之诗歌，而不继承中国之诗魂，不复兴中华之诗心，不发扬华夏之诗体，岂不谬哉？

诗魂在上·下

　　自清乾嘉以来，儒学困顿，学术潮流无不以章句代义理，托汉学抑宋明，惑刑墨而慢仁义，是凌迟大道，涂炭圣学，割裂吾儒也。夫不传吾儒之气概，代之以琐碎；不传吾儒之心志，代之以累牍；不传吾儒之大本，代之以末节，是不明道体、无可传道也。夫义理不明，章句何通？义理即明，章句遂通矣。而诗者，可以兴道也。君不见邵康节、朱晦翁、胡居仁、吴康斋皆以诗传道之鸿儒也。回想夫子周流列国，自卫返鲁，删述三百，然后乐正，是为不朽。小子欲学夫子，以诗载道，以体显道，以韵兴道，以志传道；以道正华夏之诗心，以诗正中华之志向，可乎？小子不抱奢望，但求如夫子之"无可无不可"。夫子曰："君子依乎中庸，遁世不见知而不悔，唯圣者能之。"皓月虽不敏，请事斯语矣。夫子在上，请受小子一拜。

诗心在上·上

　　吾诗何体也，何象也，何数也？象皓月，数用七，体纵横，法一贯，喻天人也。皓月者，"心皓白而不容兮"，日月不已是天道也，此吾名也，喻天不生夫子，万古如长夜也。七者，天数也，南国也，火德也，喻二气五行也；七言者，表三光，齐七政，参北斗也；四七者，比二十八星宿也；此象不离数也。夫纵横者，谁也？"居天下之广居，立天下之正位，行天下之大道，得志与民由之，不得志独行其道"，是夫子也。夫纵横者，纵为乾、为阳，其动也直；横为坤、为阴，其动也辟。阴阳相和，乾坤成列，易在其中矣。易者变也，喻吾诗万变不离其诗魂者也。

诗心在上·下

　　夫一贯者，一以贯之，建中立极，内圣外王，天人合一也。夫一以贯之者，仁也，浩然之气也，太极也，天枢也，为政以德譬如北辰众星共之者也，华夏精神之轴心也。夫建中立极者，建大中至正之道，以列乾坤，以立太极，以通天地，以化人伦，中华思想之中心也。夫内圣外王者，诚于中而形于外，敬以直内，义以方外；理一分殊，体用一原；寂然不动，感而遂通天下，中国哲学之雄心也。夫以夫子之圣心、仁心、爱心，贯中华之轴心、中心、雄心，贯我之身心、赤心、本心，此天心也，此道心也，此传心也，此求放心也，此天人合一也，此中华5000年之神话也，此是吾诗心也。夫天人者，夫子与中华同在，中华与历史同在，历史与创造同在，创造与诗歌同在，诗歌与我同在，我与夫子同在。是夫子启我诗心，启我天命也。夫子在上，请受小子一拜。

天命在上·上

　　夫天者，在上者也，无上之敬畏也。物质之天，意识之天，哲学之天，美学之天，历史之天，所构成之华夏之天在上也。这是5000年的诸夏梦想在上，这是5000年的象形文字在上，这是5000年的中华创造力在上，这是中华文明的人格化身孔夫子在上！而天命者，天赐也，天授也，天传也。夫子赐我者何也，性也，心之生也，意识也，九州之认知也，中原之情感也，中国之智慧也，中华之创造也，华夏之精神力量也。夫子授我者何也，道也，太极，二气，三才，四书，五行，六艺，七曜，八卦，九畴是也。夫子传我者何也，教也，一贯一蔽，两端二南，三省三反，四绝四教，五行五美，六言六蔽，七十所欲，八佾八士，君子九思也。

天命在上·下

　　此为天命之谓性，率性之谓道，修道之谓教也！传道是复此性也，授业是教此性也，解惑是辨此性也，创新是能此性也。洋洋乎，煌煌乎，巍巍乎！祖先，神话，哲学，历史，诗歌，在无限的空间中，在永恒的时间里，如钢梁相互连接，如巨木相互榫卯，在时间与空间交织的地方，在过去与未来对接的瞬间，在圜丘上，在方泽上，在我内心的山巅上，在我脑海的星图上，在我黑色的瞳仁上，是我的良知，是我的情感，是我的力量，我的与生俱来的使命，这是无限的华夏，这是华夏的无限，这是无限的我的全部理想。夫子，中华，诗歌，我。我将用夫子赐予我的，去创造中华新的诗歌。我想把夫子传授给我的，告诉给每一个华夏人。以此尽小子天人大孝之心。夫子在上，请受小子一拜。

五百在上·上

夫孝者何也？《西铭》曰："乾称父，坤称母。天地之塞，吾其体。天地之帅，吾其性。"此孝也。《孝经》曰："身体发肤，受之父母，不敢毁伤，孝之始也。立身行道，扬名于后世，以显父母，孝之终也。"此孝也。《孟子》云："由尧舜至于汤，五百有馀岁；由汤至于文王，五百有馀岁；由文王至于孔子，五百有馀岁。"此孝也。夫孝者，天地间道统之流传也。而今距夫子离世已 2500 年了；距离"至圣先师"之封谥已近500 年了；距离阳明子去世也已近 500 年了。太史公云："夫天运，三十岁一小变，百年中变，五百载大变。"五百是定数，五百又不是宿命；五百在天，五百也在人。在五个五百年之后，小子知道，只有以"百姓有过，在予一人"之仁心，以"文不在兹乎"之赤心，以"当今之世，舍我其谁"之雄心，以夫子作《春秋》之决心，才能尽小子之孝心，才能复兴华夏之魂魄，才能复兴中华之精神，才能复兴中国之文脉。

五百在上·下

　　30 年来，只有大和人井上靖书写之《孔子》在国际上有一定影响，而中国却无人书写出夫子之"忠恕"，这是小子之耻，这是小子不孝；100 年来，中华民族在激荡中前行，韬光养晦，厚积薄发，而中国却无人书写出夫子之"一贯"，这是小子之耻，这是小子不孝；500 年来，华夏文明经历险阻，奋发图强，成就出翻天覆地的变化，而中国却无人书写出夫子之"仁"，这是小子之耻，这是小子不孝。所以，值夫子逝世 2500 载之圣际，小子本于"不忍之心"写下这些诗歌，献给 2500 年之夫子，献给 5000 年之华夏，以表"文武之道，未坠于地，在人"与"远人不服，则修文德以来之"之决心，以尽小子天人大孝之心也。夫子，您听到了吗？夫子，2500 年前，颜回、子路们没有让您失望；2500 年后的儒家也同样不会让您失望。夫子，您听到了吗？这就是 2500 年后的中国人对您的倾诉。夫子，您听到了。皓月知道，您一定听到了。因为，夫子在上。